KB040429

부시의 음모

BUSH NO INBOU by Eiken Itagaki

Copyright ⓒ 2002 by Eiken Itagaki

All rights reserved

Original Japanese edition published by Bestsellers Co., Ltd.

Korea translation rights arranged with Bestsellers Co., Ltd.

through Japan Foreign-Rights Centre / Eric Yang Agency

Korean translation Copyright ⓒ 2002 Dangdae Publishing Co.

이 저작물의 한국어판 저작권은 에릭양 에이전시를 통한
Japan Foreign-Rights Centre사와의 계약으로 도서출판 당대에 있습니다.
저작권법에 의하여 한국 내에서 보호를 받는 저작물이므로
무단전재와 무단복제를 금합니다.

부시의 음모

이타가키 에이켄 지음
김순호 옮김

당대

부시의 음모

ⓒ 도서출판 당대, 2002

지은이/이타가키 에이켄
옮긴이/김순호
펴낸이/박미옥
펴낸곳/도서출판 당대

제1판 제1쇄 인쇄 2002년 8월 8일
제1판 제1쇄 발행 2002년 8월 13일

등록/1995년 4월 21일(제10-1149호)
주소/서울시 마포구 연남동 509-2, 3층 ⑨ 121-240
전화/323-1316 팩스/323-1317
e·mail/dangbi@chollian.net

ISBN 89-8163-086-0   03300

한국어판을 펴내며

　미국은 현재의 국제 군사정세를 '제4차 세계대전'이라고 부르고 있다. 국제테러집단을 최대의 적으로 하는 새로운 세계대전이 2001년 9월 11일 미국의 동시다발 테러사건에 의해 시작되었다고 인식하기 때문이다.

　핵전쟁의 위험을 내포하며 최종전쟁으로 불리던 제3차 세계대전이 미소 동서냉전의 종결로 끝났다고 확인된 것도 잠깐, 인류는 새로운 형태의 전쟁에 돌입하고 있다. 국가와 국가가 격돌하는 전쟁에서 국제테러집단이라는 '보이지 않는 적'과의 끝없는 전쟁이다.

　부시 정권이 탄생하기 직전에, 미국은 현재의 아미티지 국무부 부장관 등이 작성한 이른바 「아미티지 보고서」를 일본의 집권당인 자민당 국방부회의에 제시하였다. 이 보고서는 "유럽에서는 앞으로 최소한 20~30년 동안은 큰 전쟁을 생각할 수 없으나, 아시아에서는 그리 멀지 않은 시점에 분쟁이 발생할 것으로 전망된다"면서 아시아의 잠재적인 전쟁터 네 군데를 명시하고 있다. 다름아니라 한반도와 대만해협, 인도네시아 그리고 인도·아시아 대륙이다.

이 예측은 완전히 들어맞아 인도·아시아 대륙에 속하는 '아프가니스탄'이 전쟁터가 되었다. 미국과 영국의 연합군은 연일 맹렬한 폭격을 감행하여 탈레반 정권을 무너뜨렸다. 한편 인접해 있는 파키스탄과 인도는 '핵전쟁'의 위험을 동반하면서 군사충돌을 고조시키고 있다.

나머지 세 개의 전쟁터 가운데 가장 위험한 조짐을 보이고 있는 곳이 한반도이다. 미국은 북한과 이란, 이라크를 '악의 축'이라고 몰아붙이며 선제공격의 권리를 주장하고 있다. 이 나라들이 '국제테러집단'과 연결되어 있다는 것이 그 구실이다. 그러면서 미국은 일본을 향해 '유사입법'(有事立法)을 제정할 것을 촉구하고 있다. 한반도에 전쟁이 일어날 경우를 상정하고 있는 것이다.

왜 미국이 아시아의 네 군데 전쟁터를 제시하면서 북한과 이란, 이라크를 '악의 축'이라고 몰아붙이며 적대시하고 군사행동도 마다하지 않는 자세를 보이고 있는 것일까.

그것은 카스피해 연안에서 중앙아시아에 이르는 지역이 풍부한 '석유·천연가스' 매장지대이기 때문이다. 부시 정권은 사우디아라비아에 버금가는 매장량을 자랑하는 이 지역에 대한 지배권을 확립하여 석유가격의 지배권을 장악하자는 것이다. 이를 위해서는 장애가 되는 이슬람의 과격한 테러집단을 철저하게 섬멸하지 않으면 안된다. 중앙아시아에서 미국의 행동에 걸림돌이 되는 중국은 군사적으로 포위해 둘 필요가 있다. 주한미군과 주오키나와 미군, 거기에다 대만과 베트남까지 합해서 태평양 쪽에서 중국을 누르고, 그 위에 중앙아시아 여러 나라에 미군기지를 배치하여 아시아 대륙 쪽에서 중국을 협공한다는 장대한 전략이다.

부시 정권이 석유·군수·건설 산업을 지지기반으로 하고 있는 만큼, 이 자원쟁탈전쟁은 더욱더 본격화될 양상을 보이고 있다.

부시 정권은 이슬람 국제테러집단의 움직임을 파악하여 이를 교묘하게 역이용해서 제4차 세계대전이라고 명명하고, 그 이면에서 석유와 천연가스를 둘러싼 '자원쟁탈전쟁'을 전개하고 있다. 이 책은 이와 같은 부시 대통령의 음모를 낱낱이 파헤치고 있다.

한국에서 이 책이 출판되는 것은 저자로서는 큰 기쁨이다. 하지만 한국이 미국의 군사전략 최전선에 편성되어, 아시아 4대 전쟁터의 하나로 설정되어 있는 한반도에서 북한과 대치하고 있는 현실을 눈앞에 두다 보니 참으로 부끄러운 바가 없지 않으며, 제2의 한국전쟁이 일어나지 않기를 기원하고 있다.

2002년 7월 7일
이타가키 에이켄

책머리에

2001년 10월 7일 오후 9시(한국시각 8일 오전 1시 30분), 부시 대통령은 얼굴색 하나 변하지 않고 측근들에게 이렇게 말했다.

"슬슬 시작해 볼까."

그것은 마치 사전에 면밀하게 계획되고 준비되어 있던 것을 예정대로 담담하게 실행에 옮기는 것 같았다고 한다.

대통령은 아무런 주저함도 없이 아프가니스탄에 있는 알카에다의 훈련시설과 탈레반 정권의 군사시설에 대한 공격명령을 미군에게 내렸던 것이다.

대통령 스스로 '항구적 자유'(enduring freedom)라고 명명한 이 군사작전에는 영국 등의 동맹군도 참가하여 아프가니스탄의 수도 카불과 탈레반의 본거지 칸다하르 등 30군데를 공중폭격했다. 그후에도 아프가니스탄 각지에 대한 맹렬한 공중폭격으로 파상공격은 계속되었다.

이리하여 21세기 최초의 대전쟁이라고도 할 만한 '테러와 아프가니스탄에 대한 전쟁'이 펼쳐졌다.

부시 대통령은 미군에게 명령을 내린 직후에 행한 연설에서, 이 전쟁의 목적과 대의명분 등을 역설하면서 미국 국민과 전세계 사람들을 향해 전쟁의 정당성을 호소하였다.

그러나 이하의 본문에서 쓰고 있는 바와 같이, 냉정히 생각해 본다면 이 전쟁이 얼마나 기묘한 전쟁인가 하는 느낌을 지울 수 없다.

"우리는 중요한 자유를 지킬 뿐 아니라 모든 곳에 사는 사람들이 공포와 무관하게 생활하며 아이들을 키울 수 있는 자유를 지킨다"는 대의명분 또한 어딘지 모르게 수상쩍다. 더욱이 '항구적 자유'라는 기치 자체가 구미 중심의 사고방식이며 짐짓 꾸며낸 듯한 분위기를 풍긴다.

부시 대통령은 이번의 테러사건을 어떻게 해서든 전쟁으로 몰고 가기로 마음먹었다고 볼 수밖에 없다. 그렇기 때문에 동시다발 테러사건 직후에 아무 거리낌도 없이 "이것은 전쟁행위다"라고 단언할 수 있었을 것이다.

그렇다면 부시 대통령은 이 테러사건을 왜 전쟁으로 바꾸어놓고자 했던 것일까?

이 수수께끼를 풀기 위해서는, 우선 전쟁의 본질을 이해해야 한다.

우리는 전쟁이라는 것은 주의주장이나 이데올로기 혹은 종교의 차이 때문에 일어난다고 생각하는 경향이 있는데, 이것은 틀렸다.

옛날부터 전쟁을 일으키는 쪽도 그 전쟁대상이 된 쪽도 추상적이고 관념적인 이유만으로 전쟁을 일으키거나 일으켜지는 것은 아니다. 전쟁의 본질은 이해관계의 대립에서 비롯된다.

여기서 이해관계란 구체적으로는 토지(영토)나 자원(금·은·다이아몬드·석탄·석유, 우라늄·희소금속 등)이며, 이권(수리권, 어업권, 채굴권, 반출권 등의 권익)을 지칭한다. 그 밖에도 인간의 욕망을 부추기는 것이면 무엇이든지 이해관계의 대상이 된다.

따라서 전쟁은 토지·자원·이권 그리고 그외의 '욕망'을 둘러싸고 일어나며, 무기를 들고 싸워서 서로 빼앗는 쟁탈전을 말하는 것이다.

이스라엘과 팔레스타인의 싸움의 본질도 종교의 차이에 있는 것이 아니라 토지가 싸움의 근원이다.

일본이 일으킨 태평양전쟁 역시 석유자원을 둘러싸고, '자원이 없는 나라인' 일본이 '자원을 가진 나라인' 미국·영국과 싸운 자원전쟁이었다.

뉴욕의 세계무역센터, 미 국방부(펜타곤)가 공격당한 테러사건에서는 미국 본토가 처음으로 '전쟁터'가 되었다. 그리고 이것이 도화선이 되어 발발한 '전쟁'은 지금까지의 전쟁개념과 달리, 국가간의 전쟁이 아니었다. 그러나 과연 전쟁개념이 바뀌었는가 하면 그렇지는 않다.

부시 대통령의 아프가니스탄에 대한 공중폭격 명령으로 시작된 이번 전쟁도 과거의 전쟁과 마찬가지로 다양한 이해관계나 목적이 뒤얽힌 전쟁이라는 점에서, 그 성격은 변함이 없다.

그렇지만 부시 대통령이 단순히 '자유를 수호하기' 위해서 이런 명령을 내렸다고 생각한다면, 그것은 본질을 잘못 파악하는 것이다. 그 표면적인 말 뒤에 숨겨져 있는 이해관계를 냉정한 눈으로 꿰뚫어볼 필요가 있다.

부시 정권은 자살폭탄테러에 관한 정보를 사전에 파악하고 있었고 이것을 이용해서 대(對)아프가니스탄 공중폭격이라는 개전(開戰)의 계기를 잡은 것이 아니냐는 의혹에 휩싸여 있다. 사실 이 전쟁은 '교묘하게 꾸며진 전쟁'이 아니었을까.

이 책은 이 의혹을 파헤치고, 동시에 부시 대통령이 국제정치 무대의 뒤에서 은밀하게 추진하고 있는 음모를 폭로해 나간다.

그 음모는 미국의 동맹국인 일본 및 일본인과도 크게 관련이 있기 때문에 결코 방관하거나 무관심해서는 안 된다.

이런 의미에서 부시의 음모가 일본의 진로에 어떤 영향을 끼치는 가를 어떻게든 밝혀두지 않으면 안 되는 것이다.

2002년 1월 저자

차례

7. 알려지지 않은 시나리오의 행방

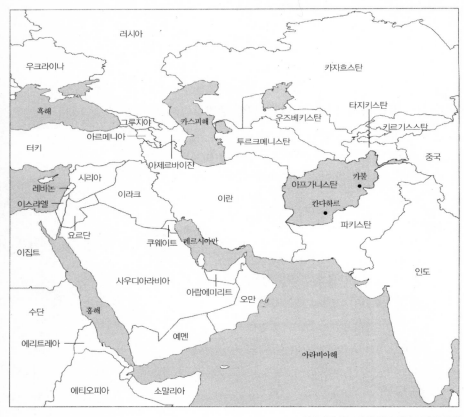

아라비아 반도에서 인도 반도까지의 지역

1. 슬쩍 뒤바뀐 테러사건

미국을 덮친 충격

2001년 9월 11일, 일본시각으로 오후 10시가 조금 지났을 무렵이다.

뉴욕 맨해튼에 우뚝 솟은 두 동의 세계무역센터에 민간항공기 두 대가 격돌한 순간의 영상이 일본 TV에 방영되고 있었다.

그후 두 동의 세계무역센터 빌딩이 허물어져 내리듯이 붕괴하는 화면도 되풀이해서 비추어주었다. 그것은 마치 할리우드의 공포 (panic)영화를 보고 있는 듯했다.

1776년 7월 2일에 독립선언을 하고 1783년의 조약으로 영국으로부터 독립을 인정받은 이래, 미국 본토가 외부로부터 공격받은 적은 한번도 없었다. 일본의 해군조차 미국 본토에서 멀리 떨어진 태평양의 진주만을 공격한 것이 고작이었는데, 그것이 현실이 된 것이다.

더욱이 뉴욕 맨해튼이라는 미국 경제의 중심지에서도 중추부분에 해당하는, '국제금융의 중심'을 상징하는 세계무역센터 빌딩이 공격을 받았다. 선회하면서 세계무역센터를 향해 정확하게 돌진해 들어가는 두번째 민간항공기를 화면에서 보았을 때, 그 민간항공기에서 '강한 의지' 같은 것을 느낀 사람은 비단 나뿐만은 아닐 것이다.

그뿐이 아니다. 군사대국인 미국의 총본산이라고 할 워싱턴의 국방부(펜타곤)에도 민간항공기 한 대가 격돌하고 이어 피츠버그에서 또 한 대가 추락하여 산산조각 나 있는 것이 발견되었다.

뉴욕 동시다발테러의 화면이 방영되는 동안 미국의 언론매체들은 '진주만'이라는 단어를 연발하였으며, 이 테러를 진주만 공격과 연관지어서 보도하는 곳도 적지 않았다.

테러리스트와 일본군을 동일하게 취급하는 것은 성가신 이야기이지만, 아무튼 그해 여름에 개봉된 미국 영화 〈진주만〉(Peal Harbor) 탓도 있었는지 동시다발테러는 진주만 공격과 오버랩되었다.

곧 이어 TV방송사들은 이 사건이 국제테러집단에 의한 자살폭탄테러일지 모른다는 보도를 하기 시작했다.

그렇다 해도 그때 불가사의했던 것은 세계무역센터에 돌진한 맨 처음 민간기의 충돌장면이 너무나도 멋지게 촬영되었다는 사실이다.

사건이 일어날 것을 사전에 알고 대기하고 있었던 게 아니라면, 그 순간적인 사건을 촬영하기란 매우 어렵지 않은가 하는 의문이 들었다. 도무지 우연이라고는 생각되지 않았다.

동시다발 테러사건, 사전에 파악되고 있었다?

부시 대통령은 동시다발테러를 사전에 알고 있었던 것 아닐까?

테러사건 이후에 지식인이나 저널리스트들뿐 아니라 일반인들 사이에서도 이와 같은 목소리가 끊임없이 회자되고 있다.

확실히 미국 중앙정보국(CIA)은 "미국에 대한 대규모 테러가 실행된다"는 중요한 정보를 파악하고 있었으며, "사건 직전에 실행범 가운데 두 사람이 배후인물로 지목되고 있던 오사마 빈 라덴과 접촉하였다는 사실을 알고 있으면서도 테러리스트의 입국을 허가했다. 게다가 범인집단 19명이 비행학교에 다니는 등 국내에서 준비를 착착 해나가고 있는 것도 포착하고" 있었던 것으로 알려져 있다.

원래 미국은 세계에서 위기관리가 가장 발달한 국가로 정평이 나 있으며, 갖가지 정보를 파악하는 고도로 뛰어난 기술을 보유하고 있다. 그것이 세계 각지에 배치된 CIA요원일 때도 있고 또 때로는 우주위성으로 지구 곳곳을 감시하는 시스템이기도 하다.

최근 들어 이 나라의 군사전략은 '무기 중심'에서 '정보 중심'으로 전환하고 있다. 이것은 '정보'를 무기로 해서 전략적으로 우위를 확보할 수 있다는 군사사상이 밑바탕에 깔려 있기 때문이며, 그 결과 세계에서 점점 더 우위의 지위를 확보하게 되었다.

그러면 왜 이번의 동시다발테러를 막지 못했던 것일까. 만약 사건을 전혀 감지하지 못하고 있었다면 그것은 정보수집 시스템의 미비가 될 터이며, 정보를 입수했는데도 불구하고 미연에 방지하지 못했다면 이는 위기관리 시스템의 결함이 될 것이다. 당연히 어느 경우든 책임을 추궁받아 마땅하다.

사실 테러사건 직후 미국 의회에서는 CIA나 연방수사국(FBI)에 대한 비판이 일어났다. 9월 13일자 『아사히신문』 조간은 셸비 상원의원과 로라 바커 하원의원의 다음과 같은 발언을 전하고 있다.

셸비 상원의원은 "만약 첩보활동이 잘되고 있었으면 방지할 수 있었을 것이다. … 완벽한 첩보활동이라는 것은 결코 없겠지만 이런 종류의 실패는 용인될 수 없다"고 매우 신랄하게 비판했다.

강경파로 알려져 있는 로라 바커 하원의원도 "미국 첩보기관의 궤멸적인 실패이며 그 대가로 수천 명의 미국인들이 목숨을 잃었다. … 의자 깊숙이 몸을 파묻고 앉아 있는 최고간부는 물러나라"고 격렬히 비난했다.

세계 최강의 통신감청기관 에셜론

그러면 만약 테러를 탐지하고 있었음에도 불구하고 사건발생을 방치하였다면, 왜 예방책을 철저하게 강구하지 못했는지, 또 무엇 때문에 그랬는지를 묻고 추궁해야 할 것이다.

미국 대통령은 국민의 생명과 신체와 재산을 지키기 위하여 최대한의 노력을 다할 사명과 역할을 부여받고 있다. 이것이 이 나라 대통령의 책임이며 의무이기도 하다. 당연히 국가위기에 관한 중요한 정보는 부시 대통령에게까지 올라갔을 것이다.

CIA의 실책으로 설사 상세한 정보는 아니었다 하더라도 부시 대통령이 얼마간 중요한 정보를 인지하고 있었다면, CIA의 책임은 물론이거니와 대통령의 책임은 더욱 크다.

이러한 시각으로 사건 당시를 돌이켜보면, 부시 대통령이나 주요 각료, 정권참모들의 사건 전후의 움직임이 매우 부자연스럽고 이해 못할 부분이 많았음을 감지하게 된다.

앞에서 설명한 대로 미국은 전세계에 감시망을 펼쳐놓고서 각국 군대뿐 아니라 국제테러집단의 움직임도 항상 주의 깊게 감시하고 있었다. 이러한 감시를 위해 현재 미국에는 암호명 에셜론(Echelon)

이라는 세계 최강의 통신감청기관이 있다.

에셜론은 국가안전보장국(NSA) 관할 아래 미국에 의해 주도되어 영국·캐나다·오스트레일리아·뉴질랜드의 영어권 5개국으로 편성된 통신감청기관이다. 1947년에 영국과 미국의 비밀협정으로 설립되었으며 그후 캐나다 등이 참가하여 5개국이 동등한 위치에서 서로 협력하고 있다. 냉전시대에는 공산권의 통신을 감청하였으나, 지금은 이라크나 북한 같은 반미 국가들과 테러리스트·마약카르텔 등 국제적인 범죄조직에 대한 첩보활동에 중점을 두고 있다. 이와 동시에 경제적 측면의 첩보활동에도 주력하여 구미 경제의 번영을 지키고 있다.

각종 통신을 감청하는 시설은 미국의 동부와 서부, 영국, 캐나다, 오스트레일리아, 뉴질랜드 등 전세계 열 군데에 있다. 또 세계 각국의 미국 대사관이나 영국 대사관에 장치를 반입하여 그곳에서 그 나라의 국내통신을 감청·도청한다. 스파이조직으로는 영국 정부의 정보본부(GCHQ), 뉴질랜드 정부의 첩보기관(GCSB) 등이 유명하며, 특히 GCHQ의 도청담당 직원은 약 4천 명 규모라고 한다.

이와 같은 조직이나 시스템이 24시간 체제로 전세계의 전화와 무선통신을 감청하고 있으며, 직원들은 귀울음 증세로 고생할 정도로 업무에 시달리고 있다 한다.

NSA 국장은 미 육·해·공군의 중장이 번갈아 맡고 있으며 주된 임무는 ① 외국 통신정보의 수집·해독 ② 자국 암호·통신의 기밀 유지이다. 그리고 군사정보뿐 아니라 경제정보까지 그 대상범위로 하고 있다.

에셜론이 여느 도청시스템과 달리 특히 뛰어난 점은, 인공위성을 사용해서 상업용 위성이나 지상의 전신시설을 오가는 통신을 감청하는 능력을 보유한 데 있다.

전세계에서 수집한 일반전화 외에 이메일, 팩스, 휴대전화, 인터넷 등의 정보를 슈퍼컴퓨터에 모아서 처리하여 각 분야별 키워드로 탐색해서 해당 정보를 끌어낸다. 예를 들어 각국의 주요 인물이나 조직의 이름 외에 '핵무기' '스파이' '폭탄' 등 불온한 단어를 사전처럼 기억한 전산기가 분당 300만 개의 통신정보를 해석해서 그 정보를 전세계의 중계기지를 통해 미 국가안전보장국으로 보낸다.

또 '폭탄'이라든지 '빈 라덴' 같은 키워드를 설정해 놓으면, 빈 라덴의 지시로 어느 나라의 미국 대사관에 폭탄을 장치하려고 하는 테러리스트의 상의전화를 포착할 수 있을지도 모른다. 혹은 '헤로인' '마이애미'라는 키워드를 입력해 두면 콜롬비아에서 마이애미로 마약을 운반할 계획인 마약조직의 움직임도 파악할 가능성도 있다(그러나 이것은 보기에 따라서는 전세계의 시민생활까지도 감시하고 있는 것이기도 하다).

당연히 에셜론은 몇몇 국제테러집단의 움직임을 추적하고 있었을 테고, 부시 대통령은 위기정보를 파악하기 위해 이것 외에도 FBI나 CIA, 영국이나 이스라엘·프랑스·독일 나아가 러시아와 중국 등지의 첩보기관과 수사기관 등으로부터도 협력을 얻어 정보수집에 온힘을 쏟고 있었을 것이다.

이런 기관이 미국의 건국 이래 최초라고 해도 과언이 아닌 이번 사건에서 전혀 제구실을 못했단 말인가. 세계에 알려져 있던 고도의 정보수집 능력은 종이호랑이에 불과했던 것일까. 아니다. 도저히 그렇게 생각되지는 않는다.

에셜론을 필두로 하는 미국의 정보활동은 필시 어느 정도 상세한 정보를 포착하고 있었을 것이다.

미국은 테러정보를 발신하고 있었다!

영국에는 국제테러집단의 아지트가 몇 개 있다고 하며, 에셜론이나 정보기관의 스파이들이 빈 라덴과 국제이슬람전선 등의 움직임에 관한 정보를 수집하고 있었던 것으로 알려져 있다. 실제로 블레어 수상도 홈페이지에 "영국 정보부가 파악한 정보는 미국 정부에 면밀히 연락하고 있었다"고 기록해 놓고 있다.

영국은 충실하게 미국에 연락하여 자기 소임을 다하고 있었으므로 사건을 방지하지 못한 책임은 오직 미국 정부에 있다는 변명을 해두고 싶었던 것이리라.

이 기록이 암시하고 있는 바는 "미국의 어딘가에서 테러가 일어난다"는 정보를 부시 대통령은 파악하고 있었다는 것이 아닐까.

보도되고 있는 바와 같이 미국 정부는 2001년 들어와서 '동시다발 사건'이 일어난 9월 11일까지 재외공관에 대해 무려 44차례나 경계령을 발하였다. 또한 일본과 한국에도 테러에 대한 경계를 통보하고 있었다.

예컨대 2001년 8월에는 "미국의 신뢰를 실추시킬 만한 테러활동이 앞으로 2~3주 내에 실행될 가능성이 있다"는 취지의 주의정보를 일본 정부에 전달하는가 하면, 2001년 9월 7일에는 미 국무부 대변인이 "미국 정부는 일본 및·한국에 소재해 있는 미국 군사시설과 또 군인들이 자주 사용하는 시설에 대한 위협 가능성이 있다는 정보를 입수했다"는 내용의 출입국 공고를 통해 미국 시민들에게 주의를 촉구하고 있다.

일본 외무성은 이 내용을 접하고, 한국으로 가는 일본 승객들에게 "과거에 미국 국민이나 미국의 권익을 겨냥한 테러에 일본인이 휩쓸

린 예도 있으므로 충분한 주의가 필요하다"며 주의를 환기시키는 정
보를 흘린다.

이런 정보들에 대해 "테러조직이 한국이나 일본 등지에서의 테러
정보를 의도적으로 흘림으로 해서 미국에 대한 공격계획으로부터 주
의를 분산시켰을 가능성이 있다"고 해석하는 사람도 있으나, 고도로
숙련된 미국 정보기관이 이러한 양동작전에 속아넘어간다고는 도저
히 생각할 수 없다.

사건 당일의 뉴욕과 부시 대통령의 움직임

2001년 9월 11일은 뉴욕의 UN본부에서 제56차 UN총회가 개막된
날이다. 자살폭탄 테러집단은 세계가 주목하는 UN총회 개막일을 의
식적으로 선택했던 듯하다.

우선 테러발생 당시 뉴욕의 모습을 시간대별로 추적해 보자(시간
은 미국 동부시각이며 한국과의 시차는 13시간이다).

9월 11일

오전 8시 45분 뉴욕의 고층 쌍둥이빌딩 세계무역센터의 북쪽 건
물에, 92인승 보스턴발 로스앤젤레스행 아메리칸항공 11편(보잉
767)이 충돌, 폭발음과 함께 연기가 맹렬하게 치솟음.

오전 9시 3분 세계무역센터 빌딩의 남쪽 건물에 승무원 및 승객
65명이 탑승한 보스턴발 로스앤젤레스행 유나이티드항공 175편(보
잉 767)이 충돌하여 불타 오름.

오전 9시 17분 미 항공당국, 뉴욕 시내의 공항을 폐쇄. 시당국,

시내의 지하철과 교량 폐쇄를 명령.

오전 9시 30분 부시 대통령, 플로리다에서 "명백한 테러공격"이라는 성명발표. 당국은 "항공기가 공중납치(hijack)되었다"고 발표.

오전 9시 40분 미 항공당국, 미국 내 모든 민간항공기의 이착륙을 정지시킴.

오전 9시 43분 미 국방부(펜타곤), 항공기 충돌로 화재가 발생. 충돌 항공기는 승무원과 승객 64명을 태우고 워싱턴 달라스 공항에서 로스앤젤레스로 가는 아메리칸항공 77편(보잉 767)으로 밝혀짐.

오전 9시 45분 백악관과 국무부 등의 직원들에게 대피명령.

오전 10시 5분 세계무역센터의 남쪽 건물이 붕괴.

오전 10시 10분 승무원과 승객 45명이 탄 뉴저지 주 뉴아크발 샌프란시스코행 유나이티드항공 93편(보잉 757)이 펜실베이니아 주 피츠버그 부근에서 추락하여 화재 발생. 이 무렵 뉴욕의 UN빌딩 등에 대피명령.

오전 10시 30분 세계무역센터의 북쪽 건물이 붕괴.

오전 10시 45분 페루를 방문중인 파월 국무장관, 급거 귀국.

오전 11시 00분 줄리아니 뉴욕시장, 시민들에게 피난명령을 발표.

동시다발사건이 일어났을 때, 부시 대통령은 백악관이 아니라 플로리다 주의 한 학교에서 학생들에게 책을 읽어주고 있었다.

오전 9시 5분 앤드루 카드 수석보좌관으로부터 사건에 관해 귀띔을 받은 대통령은 잠시 심각한 표정을 짓더니 다시 책을 계속 읽어나갔다고 한다. 그리고는 책읽기가 끝나자 서둘러 플로리다 주에서 대통령 전용기로 루이지애나 주의 박스데일 공군기지로 가서 기자회견을 하였다. 회견에서 부시 대통령은 이렇게 밝혔다.

"정체불명의 비겁한 자로부터 자유 그 자체가 공격을 당했지만, 자유는 지켜진다. 범인을 체포하여 처벌할 것이다. 우리 위대한 국가의 의지가 시험당하고 있다. 그러나 결코 착각해서는 안 될 것이다. 이 시련을 극복하는 모습을 전세계에 보여주겠다."

그후 대통령은 워싱턴 시당국이 비상사태 선언을 발령하고 있었다는 점과 또 있을지 모를 테러공격의 위험을 피한다는 점을 이유로 해서, 백악관으로 들어가지 않고 전략군사령부가 있는 네브래스카 주 오파트 공군기지로 이동하여 잠시 대기한다. 그리고 미국 내 모든 항공기의 운항을 중지시킨 것을 확인하고는 워싱턴으로 향한다. 그 동안은 미군 전투기가 대통령 전용기를 호위했다.

피해를 최소화하기 위한 냉혹한 명령

이때 부시 대통령은 일부 공군사령관들에게, 민간항공기가 테러범에게 탈취당했다고 판단되었을 경우 그 비행기를 미사일로 격추할 수 있는 권한을 부여하였다. 승객과 승무원이 타고 있는 비행기를 격추해도 된다는 뜻이다.

동시다발테러에 이어 제2, 제3의 자살폭탄테러가 감행될 것으로 예측되고 있었던 만큼, 부시 대통령으로서는 필사적인 결단이라고도 말할 수 있겠다.

지극히 냉혹한 방법처럼 보이지만, 테러범의 자살폭탄테러 감행을 막지 못했을 경우 다수의 희생자가 발생할 위험이 있기 때문에 이를 방지하기 위한 극한의 조처인 셈이다. "대(大)를 살리기 위해 소(小)를 희생시킨다"는 논리이다.

확실히 탈취당한 민간항공기가 자살폭탄테러의 무기로 사용된 사건은 사상 유례가 없었다. '가미카제 특공대' 같은 결사적인 돌격을 꾀하고 있는 테러범들을 상대로 '교섭한다'는 것은 거의 불가능에 가깝다. "사람의 목숨은 지구보다도 무겁다"는 등의 유장한 말을 하면서 승무원과 승객을 살릴 방법을 생각하고 있을 여유는 없는 것이다.

이렇게 되면 국가 최고지도자로서는 피해의 크기를 서로 비교해서 어느 쪽을 택할지 결단을 내릴 수밖에 없다. 다시 말해 최악의 사태를 피하기 위해서 가능한 한 희생이 적은 '보다 나은 선택'을 하는 길밖에 없을 것이다.

평온한 생활에 익숙한 일본인들에게는 도저히 이해하기 어려운 일이겠으나, 미국이라는 곳은 국가 최고지도자가 때로는 냉혹해 보이는 이 같은 결단을 내리기도 하는 나라이다.

그리고 최고지도자의 이런 권한에 의해 유나이티드항공 93편은 사실 미 공군에 격추된 것이 아닌가 하는 수군거림이 꼬리를 물고 이어지고 있다. 물론 진상은 어둠에 파묻혀 있다.

다만 부시 대통령이 동시다발테러를 사전에 알고 있었다면, 혹은 테러집단이 이러한 공격을 하도록 의도적으로 작용하고 있었다면, 죽음에 이른 희생자들은 부시 대통령 때문에 목숨을 잃은 것이 된다. 가령 왜곡된 형태로 "대를 살리기 위해 소를 희생시킨다"는 논리를 실천했다면, 이는 결코 용서받을 수 없는 행위이다.

테러사건에서 전쟁으로

12일 아침, 부시 대통령은 럼즈펠드 국방장관과 함께 항공기가 격돌한 국방부 건물의 현장을 방문하여 소화작업과 구조작업을 하고 있는 소방대원들을 격려했다. 그리고 이날 오전에 TV를 통해 다음과 같은 성명을 발표했다.

계획적으로 수많은 사망자를 낸 어제의 행위는 단순한 테러를 뛰어넘은 전쟁행위였다. 우리는 단호한 결정과 해결을 위해 단결해야 한다. 자유와 민주주의가 공격받고 있다.

미국 국민은 지금까지와는 전혀 다른 적과 대결하고 있다는 사실을 인식할 필요가 있다. 적은 숨어 있고, 그들은 사람의 목숨을 대수롭지 않게 생각한다. 그러나 언제까지나 숨어 있지는 못할 것이다. 이 적은 우리 국민들뿐 아니라 온 세계의 자유를 사랑하는 모든 사람들을 공격하였다.

미국은 총력을 기울여 이 적을 찾아낼 것이다. 전세계에 협력을 호소하고, 인내심 있게 초점을 정하고, 단호한 결정을 할 것이다. 이 싸움에는 시간이 걸리겠지만 틀림없이 우리는 승리할 것이다.

연방정부는 고도의 경계 속에서 업무를 계속하고 있다. 미국은 전진하고 있으며 지금까지와 마찬가지로 우리나라에 대한 위협을 주시해 나가야 할 것이다.

뉴욕과 워싱턴의 구출작업과 국가안전보장 등을 위해서, 의회에 긴급지출을 요청한다. 의회의 단결과 지원에 감사하는 바이다. 미국은 단결하고 있다. 자유를 사랑하는 나라들은 우리의 편이다. 이것은 선과 악의 역사적인 투쟁이 될 것이다. 그러나 선이 압도할 것이다.

그러나 냉정하게 생각한다면, 뉴욕과 워싱턴을 습격한 민간항공기 넉 대에 의한 동시다발테러는 어디까지나 테러사건이지 전쟁이 아니다.

오사마 빈 라덴이 이 사건을 주도한 '수괴'(주모자) 내지 '공동정범'

또는 단순한 '공범'으로서의 용의점이 짙다면, 미국의 지역경찰이나 FBI가 UN을 비롯하여 국제형사경찰기구(ICPO)나 세계 각국의 경찰들과 긴밀히 연락을 취하면서 철저하게 수사하고 지구 끝까지라도 뒤쫓아가야 할 성질의 사건이다.

빈 라덴이 이 사건 이전의 테러사건 용의자로서 UN으로부터 출두요청을 받고 있으면서도 이에 응하지 않는다는 것을 이유로 해서, 그를 전쟁범죄인 취급하는 것은 그야말로 기본적인 인권조차 무시한 행위라고 하지 않을 수 없다.

미국이 자유와 민주주의의 나라인 만큼, 적정한 법적 절차를 제대로 밟아서 빈 라덴을 체포하고, 묵비권도 인정하고 변호인도 선임케 하여 충분히 취조해서 증거를 확실히 갖추어 기소하고, 공정한 공개재판에 회부하도록 최선의 노력을 기울였어야 하는 것이다.

그런데 부시 대통령은 이러한 절차를 밟으려고도 하지 않고 다짜고짜 빈 라덴을 자살폭탄 테러범집단의 수괴로 낙인찍어서 그의 말살을 향해 질주하기 시작하였다.

누가 테러리스트들의 표적인가?

9월 12일 플라이셔 대변인은 "테러집단은 여객기를 격돌시킬 표적으로 백악관이나 대통령 전용기 에어포스 원을 노렸다는 혐의가 있다"고 발표한다. 애슈크로프트 법무장관도 이날 "테러조직이 대통령 암살을 노렸을 가능성이 높다"고 인정하면서 이렇게 설명한다.

"범행집단은 워싱턴 교외의 공항을 이륙한 후 탈취한 아메리칸항공 비행기로 처음에는 백악관을 노렸으나 표적을 국방부로 바꿔 충돌하였다. 믿을 만한 정보이다."

펜실베이니아 주에 추락한 유나이티드항공사의 비행기도 워싱턴 방향을 향해 날고 있었다. 뉴욕 근교의 공항을 이륙해서 서해안으로 향하던 유나이티드 비행기는 항로를 남쪽으로 크게 이탈해서 숲속에 추락하였다.

이 숲은 메릴랜드 주의 대통령 전용별장 캠프데이비드에서 135km 떨어진 지점이다. 캠프데이비드는 중동평화 협상이 진행되었던 곳이며, 고이즈미 수상도 수상 취임 후 초대되었던 곳이다.

이 비행기에 타고 있던 테러집단이 무엇을 혹은 누구를 표적으로 하고 있었는지에 관해서 미국 정부당국자는 '확인되지 않는다'고 발언하고 있지만, 부시 대통령을 겨냥했을 가능성도 부정할 수 없다.

플라이셔 대변인과 애슈크로프트 법무장관의 설명에 따르면, 테러집단은 부시 대통령, 펜타곤, 세계무역센터 세 개를 표적으로 삼았을 가능성이 있다고 생각된다.

이들이 목표가 된 이유는, 부시 대통령의 경우 초강대국 미국의 최고지도자이고 펜타곤은 군사 초강대국 미군부의 총본산이며 세계무역센터는 국제금융자본과 석유메이저의 본거지이기 때문일 것이다.

수사와 범인지목에서 보여준 너무도 놀라운 솜씨

그후 미국 정부가 테러범 색출과 발표에서 보여준 신속함은 감탄스럽기도 하고 놀랍기도 했다. 그렇지만 그 뛰어난 솜씨가 오히려 부자연스럽고 수상하기까지 하다.

9월 14일 FBI는 '동시다발 테러범집단은 19명'이라며 범인 모두의 이름까지도 밝혔다. 또한 사건에 관한 정보를 가지고 있다고 판단되는 남자 한 명을 체포해 놓았다.

그때까지 FBI는 '범인은 18명'이라고 발표하였는데, 아메리칸항공 77편기의 용의자가 한 사람 늘어난 것이다. 이들 모두가 중동계 이름이며, 그중 일곱 명이 파일럿 자격증을 가지고 있었다고 한다. 범인 19명 가운데는 형제 등의 혈연관계자들도 포함되어 있었다. 또 12명은 범행을 하기까지의 '마지막 시간'을 기후가 온난한 플로리다 주에서 보냈던 것 같다.

유나이티드항공 175편기에 탑승하여 세계무역센터 남쪽 건물에 격돌한 '마르완 알셰히'라는 이름의 남자는 아랍에미리트공화국(UAE) 출신으로 자칭 23세였다. 독일 함부르크 공과대학을 졸업한 후 2000년 6월에 플로리다 주 베니스의 호프만 항공대학에서 조종사 면허를 취득한 것으로 보인다.

마르완 알셰히는, 아메리칸항공 11편기에 탑승하여 세계무역센터 북쪽 건물에 충돌한 주범 격인 모하메드 아타(33세, 함부르크에 거주한 적도 있는 파일럿?)와 사촌형제간이며 아타 역시 아랍에미리트공화국 출신인 것 같다.

19명의 범인과 관련해서 특히 주의하지 않으면 안 될 것은 이 가운데 아프가니스탄 사람은 한 명도 없다는 사실이다.

이상하게도 FBI는 9월 14일에 이름을 발표할 때 이 19명의 출신국가에 대해서는 명확하게 밝히지 않았다. 이들의 출신국가가 알려진 것은, 부시 대통령이 아프가니스탄에 대한 공중폭격을 명령한 10월 8일(현지시각 7일)보다도 후의 일이다. 게다가 맨 처음 공식적으로 발표한 것은 FBI도, 미국 정부도 아니었다.

10월 25일자 『뉴욕타임스』(New York Times)에 "동시테러 실행범

19명 가운데 15명이 사우디아라비아 출신이다"고 보도된 것이다.

또 『뉴욕타임스』는 다음과 같이 전한다. "미국 당국자가 사우디아라비아 쪽의 협력을 얻어 양국에서 수사를 진행하여 신원을 밝혀냈다고 한다. 그리고 사우디아라비아 국내에서는 테러공작원의 권유활동과 자금조달, 테러계획 수립도 이루어지고 있었다."

테러범의 전모가 서서히 밝혀지는 동안에 더욱 이해하기 힘든 사실이 보도되었다. 사우디아라비아의 영자신문 『아랍뉴스』가, FBI가 발표한 '동시다발테러 용의자 리스트'에 의문을 제기한 것이다.

『아랍뉴스』는 "펜실베이니아 주에 추락한 유나이티드항공 93편기의 탈취범 중 한 사람으로 지목된 사이드 아그함디는 현재 튀니지의 수도 튀니스에 머물고 있다"고 보도하는 한편, "세계무역센터 북쪽 건물에 격돌한 아메리칸항공 11편기에 탑승한 것으로 알려진 압둘 아지즈 알오마 역시 사우디아라비아의 수도 리야드에 거주하고 있다"고 전하였다.

이 기사들은 『아사히신문』 카이로지국 발(發)로 보도되었다. 물론 이 보도가 오보일지도 모르거니와 의도적으로 흘린 것일 수도 있다.

다만 우리는 FBI가 공식적으로 밝힌 범인에 관해, 처음부터 모든 내용을 다 믿어서는 안 된다는 주의를 새삼 받았을 따름이다.

동시다발테러 범인들은 모두 사망하였다. 비행기가 폭발하여 산산조각 나버려서, '죽은 자는 말이 없다'뿐 아니라 시신도 찾을 수 없는 상황이다. 결국 FBI는 증거가 없는 것을 구실로 해서 범인 19명의 이름을 발표한 셈이다.

그뿐만이 아니다. 미국 정부는 사건이 발생한 지 불과 이틀 후인 9월 13일에 동시다발테러 사건의 배후로 오사만 빈 라덴의 이름을 거론하는 솜씨도 보인다.

파월 국무장관은 "동시다발테러의 주요 용의자로서 이슬람과격파 지도자인 오사마 빈 라덴의 조직을 추적하고 있다"고 발언하였다.

그 어디에서도 범행에 관한 성명이 나오고 있지 않은 단계에서, 이렇게 재빠르게 주요한 용의자를 과연 지목할 수 있는 것인가.

더욱 기묘하게도 이날 미국 수사당국은 뉴욕 공항에서 불심검문을 하다가 위조 신분증명서를 소지한 자들을 체포한다. 또 공항 근처에서 테러범집단이 내버린 것으로 보이는 승용차도 발견되었으며 차 안에서 테러지침서와 비행기 조종매뉴얼, 코란 등이 압수되었다고 발표한다. 실행범이 그렇게 안이하게 중요한 증거를 일부러 남길 일이 있겠는가. 아무리 보아도 고의적이며 지나치게 작위적이라는 느낌을 지울 수 없다.

그리고 또 하나 이해하기 힘든 것은, 당초 6천 명이 넘는다던 희생자의 수가 사건 후 날이 갈수록 계속 줄어들더니 2001년 말에는 희생자 수가 처음의 절반인 3천 명 조금 넘는 것으로 밝혀진 점이다.

저 참혹한 상황 속에서 희생자의 수를 정확하게 알아내기란 매우 어려운 일일지도 모른다. 게다가 6천 명이면 용서할 수 없고 3천 명이면 용서가 가능하다는 이야기는 아니지만, 희생자의 수가 많아지면 그만큼 사람들의 분노와 슬픔 또한 커지는 것은 사실이다.

다만 어느 쪽이든 지나치게 애매한 발표가 아니겠는가. 사람들을 오도하기 위한 언론매체의 조작이었던 것은 아닌가 하는 의심이 든다 해도 도리가 없는 상황일 것이다.

UN결의를 거치지 않은 대(對)아프가니스탄 보복

이렇게 동시다발테러범의 이름을 발표하고 그 배후로 오사마 빈 라덴을 지목한 미국은 이어서 단숨에 보복을 향하여 돌진한다.

우선 보복을 정당화할 이유 만들기에 나선다. 9월 19일 라이스 대통령보좌관(국가안전보장 담당)은 기자회견에서 "미국은 자국방위 조치를 취하지 않으면 안 된다"고 표명했다. 즉 미국이 군사행동을 취하는 데 있어서 "UN결의라는 새로운 절차를 밟지 않는다"는 것이었다.

라이스 대통령보좌관은 "이미 UN으로부터는 앞으로 필요할 것으로 예상되는 행동에 대한 이해를 구했다"고 설명함으로써, 미국이 UN에 대해 사전공작을 다 해놓았음을 명확히 하였다.

그러나 아무리 UN의 이해를 구했다고는 하지만, 걸프전쟁 때와 비교하면 상당히 난잡한 방식이라는 인상을 지울 수 없다.

부시 대통령의 아버지 조지 부시가 대통령이었을 때 걸프전쟁이 일어났다. 1990년 8월 2일에 이라크가 쿠웨이트를 침범한 데 대해, 미국을 비롯하여 서방세계는 사담 후세인 정권의 목적이 세계 석유시장 지배에 있다고 보고 반발하였다. 이후 UN 안전보장이사회가 세 차례에 걸쳐서 이라크에 대해 철수를 요구한다. 같은 해 11월에는 이라크가 91년 1월 15일까지 철수하지 않을 경우 회원국들의 무력행사를 인정한다는 결의를 통과시킨다. 그리고 이 기한이 끝난 직후인 1월 17일 미군을 주력으로 하는 다국적군이 이라크를 공중폭격하면서 전쟁이 시작된다. 이어 2월 24일에 다국적군은 지상전에 돌입, 전쟁국면은 다국적군의 압도적인 우위 속에서 진행되다가 같은 해 2월 28일에 쿠웨이트에서 이라크군이 소탕되면서 종결된다.

여기서 중요한 것은, 미국이 걸프전쟁 때는 UN으로부터 "회원국들에게 무력행사를 인정한다는 결의"를 얻어내기 위해 매우 신중하게 행동하였으며 이와 동시에 회원국들을 설득하는 작업을 열심히 했다는 사실이다.

이와 달리 이번에는 사실상 이러한 노력을 생략하고 미국은 독단적으로 전횡을 휘두르며 전쟁에 돌입한다. 이의를 제기치 못하게 하는 일사불란한 행동에 UN도 압도되었고, 그 결과 UN의 권위가 한순간에 추락해 버리는 화근을 남기고 말았다.

범인으로 단정된 오사마 빈 라덴

부시 대통령과 그 참모들은, 이미 클린턴 정권 시기에 미국이 오사마 빈 라덴으로부터 사실상의 선전포고를 받았다고 인식하고 있었다.

그것은 1998년 2월 빈 라덴이 '유태인과 십자군에 대항한 지하드를 위한 이슬람국제전선'(the Islamic International Front for Jihad against Jews and Crusaders)이라는 새로운 조직을 결성하여 대미(對美) 전선의 종교명령(파투)을 발령하였기 때문이다.

빈 라덴은 "우리는 신의 가호 아래, 신을 믿고 신의 명령을 수행하기를 희망하는 모든 이슬람교도는 언제 어디서나 미국인을 죽이고 그들이 발견한 돈을 빼앗을 것을 명령한다"는 성명을 발표하였다. 이 종교명령에는 이집트나 파키스탄·방글라데시의 이슬람 무장지도자들이 서명하고 있다.

이에 호응하여 알카에다도 새로운 '성스러운 전투작전'을 다짐하면서 미국을 향해 "어디에서든 계속 타격을 가할 것이다"고 경고했다.

이러한 일련의 움직임이 있은 후 1998년 8월 7일 아프리카 동부의 케냐와 탄자니아에서 미국 대사관이 동시에 폭파되는 테러사건이 일어났다. 클린턴 정권은 "빈 라덴의 조직이 저질렀을 가능성이 크다"고 발표하면서 그가 테러사건의 입안자로 관여하고 있다고 고발하였다.

클린턴 정권은 보복조치를 결정하고, 8월 20일 빈 라덴이 운영하고 있다고 판단한 수단의 화학무기공장과 아프가니스탄에 있는 테러리스트 양성을 목적으로 한 군사훈련센터를 장거리 순항미사일로 공격하였다(이날 클린턴 대통령은 모니카 르윈스키와의 불륜 스캔들로 대배심에서 두번째 증언을 하였는데, 이에 쏠리는 매스컴의 관심을 분산시키기 위한 계산이 깔려 있었던 것 아닌가라는 설이 있다).

참고로 말하자면 이 군사훈련센터는 소련군의 아프가니스탄 침공후 미국이 자금을 대어 설립한 곳이다. 또 그후 미국 정부 내 조사결과, 화학무기공장으로 지목되었던 공장은 단순한 화공약품공장이어서 오폭이었던 것으로 밝혀진다.

또한 클린턴 정권은 그때까지 일어난 다음과 같은 테러사건에도 빈 라덴과 그 동료들이 관여했다고 단정지었다.

1993년 뉴욕 세계무역센터 폭파사건(빈 라덴은 사건의 배후인 람지 요세프와 관계가 있으며 그 추종자들은 이집트 룩소르의 여행자 학살에 연루되었다), 95년 리야드의 사우디 국민병훈련소 폭파사건, 96년의 다란 부근의 군사병영 폭파사건(미국인이 19명 사망) 등이다.

이 모든 테러사건을 빈 라덴이 계획하거나 관여했는지는 확실치 않다. 예를 들어 빈 라덴은 다란 공격을 "칭찬할 만한 테러리즘"이라고 말하면서도 자신의 관여설을 부정하고 있다.

그럼에도 불구하고 클린턴 정권은 세계 각지에서 일어나는 테러행위를 "빈 라덴 조직의 짓이다"고 단정했다. 그뿐 아니라 러시아군과 싸우고 있는 체첸의 이슬람교도 군대도 "빈 라덴의 지원을 받고 있다"고 보았다.

부시 대통령은 클린턴 정권의 이러한 입장이나 단정을 사실상 계승하고 있었다. 빈 라덴이 UN에서 국제지명수배중인 '수배자'라는 사실은 부시 대통령에게 실로 안성맞춤이었다. "이 사나이라면 엉뚱한 사건을 일으킬 수 있다"고 사람들이 생각해도 전혀 이상할 게 없기 때문이다.

빈 라덴이 대규모의 테러사건을 일으킬 만한 조직인 '유태인과 십자군에 대항한 지하드를 위한 국제이슬람전선'(이슬람네트워크)의 대표자이며, 그 지원조직이자 무장부대인 '알카에다'를 이끌고 있는 것은 분명한 사실이었다.

이슬람전선은 이슬람세계 국가들에 광범위하게 네트워크를 형성

〈표 1〉 이슬람네트워크(대표 오사마 빈 라덴)

무장집단/이슬람성지해방군	지원조직/알카에다(아프간네트워크)
가맹조직 이집트이슬람지하드단(團)(지도자: 아이만 알 자와힐리) 파키스탄 울레마협회(지도자: 무니르 함자) 파키스탄 안자르운동(지도자: 파도르 알 라만) 방글라데시 지하드단(團)(지도자: 압델 살람 무하마드)	알카에다 알지하드(아프가니스탄) 우즈베키스탄 이슬람운동(우즈베키스탄) JUI(파키스탄) 압 시야프(필리핀) 이슬람부흥단(예멘) 이슬람단(이집트) 알카에다 알지하드(이집트) 이슬람단(수단) 알카에다 알지하드(수단) 국민이슬람전선(수단) 무장이슬람집단(알제리) 이슬람구국전선(알제리)

하고 있는데다 구미 국가들에도 아지트를 가지고 있었다. 그것은 대략 〈표 1〉과 같은 네트워크이다.

빈 라덴을 인도하겠다는 제의, 거부당하다

2001년 9월 15일 미국 정부는 동시다발테러 사건을 다루기 위해 국가안전보장회의(NSC)를 열었으며, 여기서 지상군 투입도 고려한 보복에 관해 검토하였다.

대통령은 이슬람과격파 지도자 빈 라덴을 '주요한 용의자'라고 부르면서 국민들에게 장기전에 대비할 것을 요구하였다.

한편 빈 라덴은 사건과의 관련성을 부인하였으나 미국 정부는 파키스탄을 통해 탈레반 정권에 "사흘 내로 오사마 빈 라덴의 신병을 인도하지 않으면 미군은 군사행동을 취한다"고 통보하였다.

그러나 이에 대해 탈레반 정권은 "빈 라덴은 우리의 손님이다. 손님을 인도할 수는 없다"면서 최종적으로 이 제안을 거부하였다.

1997년 가을에 탈레반 정권은 미국 국무장관으로부터 '불승인'이라고 언도받은 위에 이미 국제적으로 제재를 받고 있었다. 인권문제, 마약대책, 테러대책의 개선을 요구하였지만 그 성과가 보이지 않는다는 것이 이유였다.

또한 UN안보리는 미국의 주도 아래 러시아의 찬성까지 얻어 새로운 제재조치를 가결하여서 99년 12월 실행에 옮겼다. 그 구체적인 내용은 ① 국영 아리아나항공의 국제선 운항 금지 ② 국외의 탈레반 활동자금 동결 ③ 아프가니스탄에 대한 투자 금지 등이었다.

그러나 제재는 목표한 성과를 거두지 못했고, 그리하여 2001년 초

UN은 새로운 제재조치를 발동하게 된다. 이 결과 뉴욕의 탈레반 대표부가 폐쇄되었다.

그런데 여기에 중요한 정보가 있다. 2001년 4월경 탈레반 정권은 "오사마 빈 라덴을 인도할 용의가 있다"는 제의를 미국에 했다는 사실이다.

탈레반이 이 같은 제의를 한 속뜻은 국제테러범 빈 라덴을 인도함으로써 UN으로부터 승인을 받고자 한 것으로 관측되었다.

이에 대해 부시 정권은 아프가니스탄의 주변국과 미국, 영국, 러시아를 포함해서 아프가니스탄의 부흥 문제를 협의하는 기관을 설립한다는 제안을 한 것 같다.

그렇지만 이 제의에 탈레반 정권이 난색을 표명하였기 때문에 결국 교섭은 결렬되었다고 한다. 소련 침공으로 지금까지 가혹한 처지에 놓여 있는 아프가니스탄의 입장으로서는 러시아의 참가를 도저히 받아들일 수 없었던 것으로 보인다.

부시 정권은 굳이 러시아를 포함시키는 제안을 함으로써 탈레반 정권을 궁지에 몰아넣으려는 의도가 있었던 것이 아닐까. 혹은 부시 대통령은 그것을 이해할 수 없었을지도 모른다. 그러나 이러한 행위가 동시다발테러를 불러일으키는 하나의 요인이 되었던 것은 의심의 여지가 없다.

증오와 분노를 부추겨 전쟁에 돌입

부시 대통령은 빈 라덴이 아프가니스탄 국내에 있다고 보고 그의 신병인도를 탈레반 정권이 응하지 않는 것을 구실로 삼아 "범인을 숨기는 자도 같은 죄”라고 간단히 단정함으로써 탈레반 정권의 타도를 꾀했다.

그러나 새삼스럽게 생각할 것도 없이 ‘범인을 숨겨주는 자’는 어디까지나 범인은닉죄로, ‘범인의 도주를 도운 자’는 도주방조죄로 문책하는 정도임에도 불구하고, 같은 죄로 단정하는 것은 법의 정신을 너무나도 경시하는 판단이며 지나치게 난폭한 처사이다.

테러사건의 피해가 아무리 크다 해도 ‘전쟁’으로 몰고 간다는 것은 지나친 비약이다. 형사사건은 어디까지나 형사사건인 것이다.

지극히 평균적인 감각, 즉 ‘상식’(common sense)에서 보면, 부시 대통령의 군사행동 명령은 확실히 정상궤도를 이탈했다고 생각할 수밖에 없다.

그럼에도 불구하고 이를 밀어붙이고 또 베일에 싸서 은폐시키는 작용을 했던 것은 저 무참하게도 붕괴된 세계무역센터 빌딩의 영상 그 자체였다. 강렬한 플래시 세례에 눈이 어두워진 결과, 전세계 사람들은 부시 대통령의 진정한 의도를 꿰뚫어볼 수 없게 되어버린 것이다.

부시 대통령은 ‘항구적 자유’를 기치로 내세우고서 “우리는 중요한 자유를 지킬 뿐 아니라 사람들이 어느 곳에 있든 공포와 무관하게 생활하고 자녀들을 키울 수 있도록 하기 위해 자유를 지킨다”는 대의명분을 가지고 전쟁의 화구에 불을 당겼다.

그러나 그 이면에는 전쟁승리의 대가로서 몇 가지 이익을 수중에 넣는다든가 마음 저 깊숙이 웅크리고 있던 야망을 실현한다는 야심이 있었다. 바로 이 때문에 부시 대통령은 동시다발테러 사건을 전쟁으로 비화시켜야 했던 것이다.

야망을 달성하기 위해서 부시 대통령은 “자유를 지키기 위하여 테러를 박멸한다"는 허울 좋은 구실을 전면에 내세워 대부분의 미국 국민들이나 여당 공화당과 야당 민주당의 찬성뿐 아니라 세계 많은 나라들의 이해와 납득과 협력을 무조건 얻어냄으로써, 동시다발테러 사건을 어떻게든 전쟁으로 전환시키지 않으면 안 되었던 것이다.

그 때문에 한 가지 마술이 필요하였다. 민간항공기 두 대가 세계무역센터 빌딩에 격돌하여 고층빌딩이 허물어져 내리는 장면을 되풀이해서 보여줌으로써 수많은 시청자들을 최면상태로 몰아넣는다는 마술이다.

그리고 그 마술장치의 규모가 크면 클수록 그만큼 효과도 증폭되었다. 처음에 6천 명이 넘는 것으로 알려진 이 엄청난 희생자 숫자에 압도되어 있는 동안, 세계는 부시 대통령의 마술에 빨려 들어갔던 것이다.

단순한 형사사건이었어야 할 동시다발테러 사건은 사람들의 기억 속에서 흔적도 없이 송두리째 빠져나가 버리고 테러범들에 대한 증오와 분노의 감정만이 들끓었고, 사람들은 그 열기에 짓눌렸다.

또한 "이것은 전쟁행위이다"는 부시 대통령의 목소리에 부추김을 받아 미국 국민들은 전쟁으로 돌진하는 심리상태가 되고 말았다.

대통령은 대중들의 이 같은 심리상태를 멋들어지게 이용했던 것이다. 그 결과 결코 높다고 볼 수 없었던 대통령에 대한 국민의 지지율도 급격하게 올라갔다. 고도의 교묘한 심리전술이기도 했다.

그러면 이러한 전술을 구사한 부시 대통령은 도대체 어떠한 인물인가. 그리고 왜 그는 전쟁을 일으킬 필요가 있었는지, 이에 관해서는 다음 장에서 살펴보도록 하겠다.

〈표 2〉 미국과 아프가니스탄, 탈레반, 오사마 빈 라덴의 관계

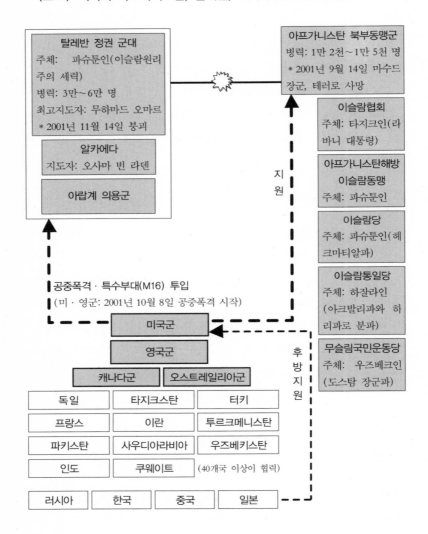

탈레반 정권 군대
주체: 파슈툰인(이슬람원리
주의 세력)
병력: 3만~6만 명
최고지도자: 무하마드 오마르
* 2001년 11월 14일 붕괴

알카에다
지도자: 오사마 빈 라덴

아랍계 의용군

아프가니스탄 북부동맹군
병력: 1만 2천~1만 5천 명
* 2001년 9월 14일 마수드
장군, 테러로 사망

이슬람협회
주체: 타지크인(라
바니 대통령)

아프가니스탄해방
이슬람동맹
주체: 파슈툰인

이슬람당
주체: 파슈툰인(헤
크마티알파)

이슬람통일당
주체: 하잘라인
(아크발리파와 하
리파로 분파)

무슬림국민운동당
주체: 우즈베크인
(도스탐 장군파)

지원

공중폭격 · 특수부대(M16) 투입
(미 · 영군: 2001년 10월 8일 공중폭격 시작)

미국군

영국군

캐나다군   오스트레일리아군

후방지원

독일	타지크스탄	터키
프랑스	이란	투르크메니스탄
파키스탄	사우디아라비아	우즈베키스탄
인도	쿠웨이트	(40개국 이상이 협력)

| 러시아 | 한국 | 중국 | 일본 |

2. 부시에게 필요했던 전쟁!?

초엘리트 아버지에게 짓눌려서 자라난 열등생

조지 W. 부시 대통령은 1946년 7월 6일 코네티컷 주 뉴헤이번에서 아버지인 제41대 대통령 조지 하버드 워커 부시와 그의 아내 바바라의 장남으로 태어났다. 당시 그의 아버지는 예일대학 학생이었다.

2년 후 예일대학을 졸업한 아버지는 아내와 어린 아들을 데리고 텍사스 주 서부로 가서 석유회사를 경영하기 시작하였다.

부시 대통령은 소년시절 대부분을 보낸 텍사스 주 미들랜드를 지금도 고향으로 생각하고 있다고 한다. 1949년 12월에 여동생 로빈이 태어나고 53년 2월에는 남동생 존(애칭 젭)이 태어났다. 그러나 그해 10월 세 살 난 여동생 로빈이 백혈병으로 죽었다. 그후 부시 가에는 1955년 텍사스 주 서부에서 닐, 56년에 마빈, 59년에 도로시 등 세 아이가 태어났다.

이윽고 아버지는 공동으로 설립한 해저석유채굴회사의 경영을 인수하기 위해 가족과 함께 텍사스 주 남동부의 휴스턴으로 옮겨갔다. 당시 부시 대통령은 미들랜드의 선 허신트 중학교 7학년을 막 수료하여 휴스턴 교외에 있는 사립학교 킹케이드 스쿨로 전학하였다. 이렇게 그는 해저석유채굴회사를 경영하는 아버지의 뒷모습을 보면서 자라났다.

1961년 가을 미국에서 가장 유명한 대학진학준비학교인 매사추세츠 주 앤드버의 필립스 아카데미에 입학. 이 학교는 아버지의 출신학교이기도 했다.

1964년에 필립스 아카데미를 졸업하고 아버지와 마찬가지로 코네티컷 주 예일대학에 진학해서 역사학을 공부했다. 그렇지만 성적은 부진하였다. 그래도 68년 5월에 대학을 졸업.

대학을 졸업하기 2주일 전에 휴스턴 교외 알링턴 공군기지에 있는 텍사스 주(州) 공군 군대사무소에서 수속을 밟아 파일럿 훈련생의 길을 택하였다. 이 역시 제2차 세계대전 때 파일럿이었던 아버지의 길을 답습한 것이었다.

소위로 임관하여 2년 동안 F-102 요격전투기 파일럿으로 근무하고 그후 약 4년 동안은 주군대의 비상근 공군 파일럿으로 비행업무에 종사하였다.

그리고 이런 비상근 파일럿 신분으로, 아버지의 해저석유채굴회사의 공동경영자였던 사람이 휴스턴에서 경영하는 농업회사에 근무했다. 미국 각지나 라틴아메리카 국가들에서 묘목지대를 찾아내어 사들이는 것이 그의 일이었다.

그러나 이 일도 1972년 봄에 그만두고 이번에는 앨라배마 주 상원의원으로 입후보한 공화당의 윈턴 브라운트의 선거운동을 거들었다. 이 후보는 낙선했지만, 부시 대통령에게는 최초의 선거운동이었다.

그후 휴스턴으로 돌아와서 전문직지도자연맹(PULL)에 들어가 아프리카계 미국인 청소년들을 상담하는 카운슬러가 되었다.

그 무렵 그는 방탕한 생활을 했던 것으로 알려져 있다. 정치활동과는 전혀 무관하게 테니스나 골프, 데이트, 음주로 날이 새고 밤을 지새는 나날이 이어졌다. 마약을 사용했다는 소문까지도 남아 있다. 76년에 음주운전 전과가 있는 것도 그 뒤에 드러났지만, 이러한 사실이 큰 피해(damage)로는 작용하지 않았다.

그 뒤에 미들랜드로 돌아와서 석유사업에 도전한다. 토지 채굴권을 조사하여 석유채굴의 전망이 있는 토지의 임대계약을 교섭하는 부동산업자가 된 것이다. 광업권이나 광구사용권 거래에 종사하면서 채굴 프로젝트에도 투자를 하였다.

1977년 여름 로라 웰치와 결혼. 결혼상대인 로라는 미들랜드에서 태어나 텍사스 주 달라스 시의 서전 메소디스트 대학 교육학부를 졸업한 후 같은 주 오스틴 시의 텍사스 대학원 도서관학과 석사과정을 수료하고 오스틴의 초등학교에서 도서관 사서로 근무하였다. 로라는 온순하고 침착하고 인내심이 강한 여성으로서 부시와는 정반대의 성격이었다.

하원의원 낙선 후 석유회사 설립

결혼하고 얼마 안 있어 부시는 텍사스 주 서부의 하원의원 선거구에서 공화당 지명후보로 출마했다.

부시 가에서는 아버지 쪽의 할아버지 프레스코트 부시가 1952~63년에 상원의원(코네티컷 주 선출)을 지냈고, 아버지 조지 부시도 66

년에 텍사스 주 휴스턴 시에서 하원의원에 당선되어 정치가의 경력을 착실히 쌓아나가고 있었다. 정치가 가문의 피가 그에게도 흐르고 있었던 듯하다.

그러나 낙선하는 바람에 초선 진출을 장식하지는 못하였다.

그는 선거에 실패하자 미들랜드의 석유사업에 복귀하여 '알부스트 에너지 사'(알부스트는 스페인어로 덤불 bush이라는 뜻)를 설립했다.

이 알부스트 에너지 사와 관련해서는, 설립 당시 공동출자자의 한 사람으로 살렘 빈 라덴이라는 인물이 관여했다는 이야기가 있다. 살렘은 사우디아라비아의 부유한 사업가인 아버지의 뒤를 이어서 미국 쪽 비즈니스를 담당하고 있었다는데, 실은 이 사람이 저 오사마 빈 라덴의 맏형이다. 살렘은 1988년 텍사스 주에서 경비행기 사고로 사망하였다고 한다.

이 이야기는, 그로부터 13년 후 아프가니스탄 공중폭격에 나선 부시 대통령과 오사마 빈 라덴의 아이러니컬한 인연과 결부되어서 미국 내에서 화제를 불러일으켰던 모양이다.

한편 이 회사는 나중에 '부시 익스플로레이션'(Bush Exploration)으로 이름을 바꾸었으며, 80년대 초에 석유가격이 하락하기 시작하면서 경영난에 빠졌다.

1984년, 다른 중소 석유탐사회사와 합병하여 새로 설립한 '스펙트럼7'의 사장으로 취임. 그래도 석유가격의 급락은 멈추지 않고 스펙트럼7사의 재무상황이 악화됨에 따라 회사를 유지할 수 없어서 86년에 더 큰 회사 '하켄 에너지 코퍼레이션'에 매각되었다.

이와 같은 경험을 거치면서 그는 마흔 살에 술을 끊고 기독교인으로 거듭났다고 한다.

그후 잠깐 동안 하켄 에너지 코퍼레이션의 컨설턴트로 일하면서부터 아버지의 대통령선거운동에 고문 겸 연설초고 작성자(speech writer)로 참여하여 아버지의 선거운동을 도왔다.

아버지 조지 부시는 1975년에 콜비의 후임으로 미국 스파이기관의 우두머리인 CIA국장에 취임한다. 그리고 이전의 하원의원, UN대사, 베이징연락사무소장을 두루 거친 경력을 이용해서 폭넓은 분야에 걸쳐 '인맥 네트워크'를 구축해 나간다.

당시 CIA는 온갖 스캔들에 휘말려 그 권위가 땅에 떨어져 있었다. 이 때문에 아버지 부시 신임국장은 CIA 조직 내의 사기를 높이고 CIA 명예를 회복하는 데 힘을 기울였다. 마침내 이런 노력에 성공하는 공적을 쌓음으로 해서 1981~89년에 로널드 레이건 대통령 정권의 부통령을 지냈다.

아버지가 1988년 대통령선거에서 당선된 후, 아들 부시는 승리를 지켜보고 텍사스 주 달라스로 갔다. 새로운 사업을 시작하기로 결심한 것이다.

대통령 재선에 패배한 아버지의 좌절

달라스로 간 그는 달라스 교외를 본거지로 한 프로야구팀 '텍사스 레인저스'를 매각한다는 소문을 듣고 부유한 투자가들의 투자를 받아 약 7500만 달러로 구단을 매입한다. 부시 역시 스펙트럼7사를 매각한 자금을 투자함으로써 소주주가 되었으며, 투자가의 한 사람과 함께 경영에 참여했다. 그 사이 81년에 아내 로라와의 사이에서 쌍둥이 딸 바바라와 제나가 태어났다.

아버지는 1989년부터 93년까지 미국 대통령을 지냈지만, 92년 11

월의 대통령선거에서 빌 클린턴에게 패배한다. 이로써 그는 아버지의 좌절을 처음으로 목격하게 된다.

전세계적으로 아버지 조지 부시가 대통령에 재선되지 못할 것이라고 생각한 사람은 거의 없었다. 왜냐하면 조지 부시는 걸프전쟁에서 승리한 여세를 몰아 미국 독자적인 헤게모니를 확립하고 새로운 국제질서를 형성하는 방향으로 나아가고 있었던 터라, 아무리 불황이라고 해도 국민들로부터는 많은 지지를 받고 있는 것처럼 보였기 때문이다. 그러나 불황의 장기화와 그로 인한 실업증가로 사태는 변화하고 있었다.

엎친 데 덮친 격으로, 백인경관이 흑인을 구타한 사건의 판결에 대한 불만이 원인이 되어 로스앤젤레스에서 대규모 흑인폭동이 일어났다. 그 배경에는 흑인의 대량실업 문제가 있었다. 1992년의 흑인 실업률은 최고 14.2%, 청년층(16~19세)의 실업률은 42.2%나 되었다.

전체 실업률도 여름까지 상승을 거듭하여, 대부분의 미국 시민들이 걸프전쟁 승리의 도취에서 완전히 깨어나 경제불황을 피부로 느끼기 시작했다. 또 공화당정권을 지지해 오던 경영자나 자산가층까지 미국 경제의 앞날에 대해 불안감을 가지게 되었다.

'변화를 지향'하고자 하는 유권자들의 강한 욕구를 흡수한 것은 빌 클린턴이었다. 클린턴은 환경보호주의자인 앨 고어를 부대통령후보로 지명함으로써 민주당 좌파의 지지도 이끌어내었으며, 미국의 경제재건을 최우선 과제로 내세워 선거전을 유리하게 끌고 갔다. 게다가 실리콘밸리(캘리포니아 주 북부의 하이테크 지대) 경영자들의 마음도 사로잡아 결정적으로 승리를 했다.

선거의 결과는 아버지 조지 부시의 패배였다.

그러나 아버지가 재선에 도전한 대통령선거에서 패배하는 것을 보고 부시 대통령은 텍사스 주지사에 입후보하였고, 결과는 민주당 출신의 주지사 앤 리처드를 누르고 당선할 수 있었다. 그때까지 아버지의 명성이 오히려 무거운 짐이 되어 열등감에 시달려왔으나, 텍사스 주지사가 되면서 비로소 심리적으로 '위대한 아버지'로부터 겨우 해방되었다고 한다.

현재 부시 대통령의 동생 젭 부시도 플로리다 주지사로 있는 등, 부시 가는 문자 그대로 정치가 가문이 되어 있다.

대통령선거에서 고어와 접전 끝에 간신히 승리

대통령선거에서 부시는 주지사선거 때 내세웠던 것과 마찬가지로 세금감축과 교육개혁, 일부 사회보장제도의 민영화 등의 정책에 역점을 두었다. 또한 클린턴 대통령의 불륜스캔들을 겨냥해서 "백악관의 존엄성을 되찾는다"는 것도 공약으로 내걸었다.

이에 반해 당시 민주당의 고어 부통령 진영은 부시의 교육정책과 환경정책, 사형에 대한 입장 등을 비판했다. 텍사스 주에서 사형당한 사람의 숫자는 확실히 미국 내에서도 단연 높았다.

부시의 선거운동 메시지는 미국의 양대 정당인 공화·민주당의 보수파와 중도파, 무당파층, 남성과 여성, 히스패닉계와 아프리카계 미국인 등 폭넓은 유권자들에게 먹혀들었다. 그는 선거운동의 한 가지 주제로 '포용'(包容) 개념을 내걸었다.

"우리나라는 번영해야 한다. 그러나 번영에는 반드시 목적이 있어야 한다. 의욕 있는 사람이면 누구에게나 아메리칸 드림이 찾아들도록 하는 것이 그 목적이다. 번영의 목적은 소외된 사람, 뒤쳐진 사람이 없도록 만드는 것이다"고 말하면서, 이 철학을 '동정심 있는 보수주의'라고 불렀다.

2001년 1월 20일, 미국 역사상 보기 드문 접전 끝에 부시는 제43대 대통령에 취임한다. 공화당에서 출마하였지만, 앞서 말한 대로 폭넓은 유권자들로부터 지지를 받아 당선하였다.

주지사에서 대통령이 된 사람은 부시 대통령이 처음은 아니다. 지미 카터(민주당 전 조지아 주지사, 1976년 대통령당선), 로널드 레이건(공화당, 전 캘리포니아 주지사, 1980년 당선), 빌 클린턴(민주당, 전 아칸소 주지사, 1992년 당선) 그리고 조지 W. 부시(공화당, 1994년 텍사스 주지사로 당선) 등이 있다.

부자(父子) 2대가 대통령이 된 예는 미국 역사 초기 제2대 대통령 존 애덤스의 아들 존 퀸시 애덤스가 1825년에 제6대 대통령에 취임한 이래 처음이었다.

그러나 대통령선거에서 투표용지의 재점검 등 여러 가지 불상사가 있었던 만큼 상처투성이로 그 자리를 쟁취한 것은 아직도 기억에 생생하다. 아무튼 간신히 당선된 부시 대통령이었지만, 총투표수에서는 고어 후보를 밑돌았으며 그 낮은 지지율이 새 대통령의 지도력 약화를 낳지 않을까 하는 우려가 있었다.

이렇게 해서 부시 대통령은 낮은 지지율과 운 나쁘게 겹쳐진 IT거품의 붕괴에 따른 경기추락이라는 역풍을 받으며 출범하였다.

게다가 이와 더불어 2002년 11월의 중간선거 승리와 대통령선거에서의 재선 대승리를 의식한다면, 그의 불안은 한도 끝도 없게 되었던 것이다.

그리고 '아버지를 능가하고 싶다'는 열등감에 시달려 온 부시 대통령은 "어떻게든 아버지에 버금가는 성과를 올리겠다"는 생각에도 사로잡혀 있었다.

그 때문인지 2001년 9월 7일 부시 대통령은 그 전달 8일의 실업률이 4.9%로 약 4년 만에 높은 수준을 기록한 것을 보고 경기회복을 위한 긴급성명을 발표하였다. 언론매체들은 이 성명을 "아버지의 실패를 되풀이하지 않는다"는 부시 대통령의 결의를 드러낸 것이라고 받아들였다.

낮은 지지율을 만회하고, 군수경기로 경기를 회복하고, 아버지에 대한 열등감을 씻어내는 등 그 모든 목적을 충족시킬 수 있는 가장 적절한 수단은 바로 전쟁이었다.

오사마 빈 라덴에 대한 보복테러전쟁은 이 같은 부시 대통령의 '개인적 동기'에서 출발한 측면이 있다.

실제로 아프가니스탄에 대한 폭격으로 부시 대통령의 지지율은 그때까지의 50%대에서 단숨에 91%로 껑충 뛰었다. 2001년 9월 14일 『워싱턴포스트』(전자판)에 실린 여론조사에 따르면, 미국 국민의 91%가 동시다발테러에 대한 부시대통령의 대응을 지지하고 있는 것으로 나타났다. 대통령의 전반적인 업무처리에 관해서도 86%가 지지하여, 사건 전의 조사 때보다 30% 이상이나 웃돎으로 해서 '위기에 단결하는' 미국 국민들의 전통을 보여주었다.

9월 말 이후에 실시된 최신 조사에서도, 부시대통령의 지지율은 ABC-TV와 CNN이 각각 90%, CBS-TV가 89%, 폭스 TV도 84%라는 높은 지지율을 기록하였다. 또 CBS 조사에 따르면, 군사행동의 경우 테러실행세력에 대한 무력행사는 92%가, 테러지원국가에 대한 군사작전은 83%가 지지하고 있다.

덧붙이자면 미국 역사에서도 전쟁개시 때 정권의 지지율이 급격히 높아지는 현상은 흔히 볼 수 있다. 갤럽사의 조사에 의하면 태평양전쟁 개전 때의 정권지지율은 93%, 걸프전쟁 때는 84%, 베트남전쟁 때조차도 61%나 되었다.

전체적인 경기회복과 관련해서는, 장기적으로 그 성과가 향상될지 어떨지 뭐라고 말할 수 없다. 다만 부시 정권과 밀착되어 있는 군수산업이 번창하는 것은 말할 나위도 없다. 이 점에 관해서는 다음 장에서 자세하게 설명하기로 하겠다.

그리고 부시 대통령의 아버지에 대한 열등감이 극복되었는지 여부는 그 자신만이 알 수 있는 바이다.

'전쟁경제'에 매료된 대통령

국가의 국방예산은 국도나 고속도로, 교량, 댐, 공원, 사방공사 등의 건설예산과 마찬가지로 정부가 발주하는 일종의 공공사업 예산이다. 즉 공공사업의 '국방판'이라고 말해도 좋다.

그러나 국민의 눈에 쉽게 띄는 건설공사와 달리, 국방예산은 많은 부분이 군사기밀이라는 베일에 가려져 있기 때문에 일반적으로는 명확하게 의식되지 않는다.

더구나 국방예산은 '자기증식'하는 습성을 지니고 있어서 여간 강한 의지와 억제력을 가지지 않으면 감액이 어렵다. 이 때문에 군수산업으로서는 '손쉽게 벌어들이는 청부사업의 수입'인 만큼 안정경영이 보장된다. 생산비용도 많이 투입되지 않거니와 다른 업계만큼 마케팅 활동에 힘을 기울일 일이 거의 요구되지 않는 '달콤한 기득권'으로 되어 있다.

군수산업을 활성화시키는 것은 전쟁이다. 이 점은 치열한 열전(熱

戰)이 아닌 '냉전상태'에서도 군비확장경쟁으로 거액의 국방예산이 마치 물 쓰듯이 사용되었다는 사실을 상기한다면 쉽게 이해가 될 것이다.

물론 '전쟁'경제는 결코 건전한 경제라고는 할 수 없다. 그렇지만 정치가라는 존재는 왕왕 전쟁경제의 마력에 사로잡힌다. 특히 경제가 침체상태에서 벗어나지 못하고 실업자가 대량으로 발생할 때는 악마의 속삭임 같은 이 유혹에 빠져들기 십상이다.

전쟁이 발발하면 군인이나 무기, 탄약, 장비를 비롯하여 식량을 계속 보급해야 한다. 탱크, 전투기, 폭격기, 헬리콥터, 항공모함, 잠수함, 구축함 등을 움직일 연료보급까지 포함해서 방대한 병력과 막대한 전쟁비용을 계속 투입하게 된다. 이리하여 군수품 생산이 활발해지고 군수산업은 윤택해지는 것이다.

전쟁터에 병력이 투입되어 무기와 탄약이 소모되면, 후방에서는 이의 증산에 박차를 가할 필요가 있다. 평상시에 비축되어 있던 구식무기는 말끔히 처분되는가 하면 전쟁에서 승리하기 위해서 새로 개발된 무기가 전쟁터에서 시험되어 전쟁터는 무기 바겐세일의 무대가 된다. 그 이면에서는 군수산업에 보다 신형의 무기를 발주하고 차세대 무기의 개발도 활성화된다.

만약 전쟁상황이 격전이기라도 하면, 당연히 위험이 커지고 그만큼 병력소모도 많아진다. 따라서 예비역을 다시 소집하고 새로운 전투력으로 지원병을 모집하여 훈련을 시켜서 전쟁터로 내보낼 수밖에 없게 된다. 이는 고용 면에서도 기여하거니와 전쟁은 대규모 실업대책의 효과를 발휘한다.

소비는 국민의 생명 유지와 신장에 도움이 되고 사회 전체적으로 현금유통을 원활하게 함으로써 국민생활에 활력을 불어넣어 건전한 생산력 유지 및 강화로 이어져 국민총생산과 경제성장에 크게 기여하는데, 전쟁에 의한 소모 역시 일종의 소비이다.

그러나 이 전쟁소비가 오래 지속되면 경제는 피폐해진다. 아무리 '국방판' 공공사업이라 해도, 이는 국도나 고속도로·교량·댐·공원·사방공사 등과 같이 생산력의 기반(인프라)이 되지 않거니와 사회자본 형태의 재산으로 축적되지도 않는다. 때문에 전쟁은 오래 끌어서는 안 되고 단기 결전으로 끝내는 것이 정치가의 책무로 간주된다.

그러면 전쟁수행에 필요한 군사자금은 어떻게 조달하는가. 여기서는 국민의 애국심에 호소하는 것이 지름길이요, 손쉽고도 빠른 방법이다. 증세(增稅)라는 방법도 있는데, 이는 전시국채를 발행해서 자산가나 부자계층의 돈주머니를 풀게 하는 비장의 수단이다.

전시국채는 일반국채에 비해 금리가 낮아서 여기에 투자하는 국민들에게는 이점이 별로 없음에도, '나라를 위한다'는 대의명분에 국민 대다수가 약해지고 자산가나 부자계층도 협력하지 않을 수 없는 심리상태가 되어서 쉽사리 응한다. 금융기관에 예치되어서 유통되지 않고 있는 자금을 움직이는 데는 최상의 방법이다.

또한 정치적인 측면에서 보면, 다수의 국민들이 정부에 대해 불평·불만을 가지고 강하게 비판하는 그런 경우에 전쟁을 계기로 국민들의 관심을 국외로 돌리게 할 수 있다. 따라서 전쟁은 정치가들이 정권유지가 어려워졌을 때 흔히 쓰는 비장의 수단의 하나이다. 가난한 계층이나 실업자들을 군인으로 흡수함으로써 실업률을 낮출 수 있을 뿐 아니라, 냉혹한 표현을 하자면 전사자가 많이 나오는 사태는 인구조절에도 효과를 발휘한다.

게다가 전쟁은 단순한 소모에 그치는 것만은 아니다. 승리하면 전쟁상대국으로부터 배상을 받으며, 권익이나 이권 또한 확보할 수 있다. 시장이 형성되는 날에는 그 시장의 지배도 가능해진다. 따라서 전쟁은 반드시 승리하지 않으면 안 된다. 패배하면 비참한 운명만이 기다리고 있을 뿐이다.

나중에 설명하겠지만, 부시 대통령은 석유·군수 산업을 지지기반으로 하고 있는 터라 군수산업에 국방예산을 쏟아부음으로써 이런 정체된 산업부문에 원기를 불어넣어야 했다. 이 때문에 엄청난 압력을 받고 있었던 것으로 보인다. 결국 그들의 요청에 응하는 노력의 극치가 바로 이번 전쟁인 셈이다.

또 한 가지 전쟁발발의 필요성으로서, IT거품경제의 붕괴로 미국에서는 다시 실업자가 계속 증가하고 이런 실업률 증가 압력이 정권의 기반을 뒤흔들 수 있다는 불안도 있었다.

전쟁은 독약이자 극약이었지만, 부시 대통령의 불안을 단숨에 해소시켜 줄 수 있는 특효약이었을 것이다. 해학적인 표현을 한다면, 동시다발테러 사건은 부시 대통령에게 '구원의 신'이 아니라 '구원의 악마'가 된 측면이 있었던 것이다.

구제자금 400억 달러와 전시국채 발행

동시다발테러 사건으로 전쟁경제가 즉각 작동하기 시작하였다. 2001년 9월 14일, 부시 정권과 미국 의회는 '미국 중추 동시테러사건의 재해복구 등의 구제자금'으로 400억 달러를 긴급 지출하기로 합의하였다. 처음에는 200억 달러 규모의 긴급지출을 예정하였으나, 결국 증액하기로 결정되었다. 구제자금의 용도는 복구활동 외에 범행집단에 대한 수사와 공항경비 등이었다. 미국이라는 나라는 어떤 경우에든 신속하다.

또 상원이 전시국채 발행을 포함한 세출법안을 가결한 데 이어 10월 23일 하원은 일반국채보다 금리가 낮은 전시국채 발행을 인정하는 법안을 가결하였다. 이것은 제2차 세계대전 이후 최초의 전시국채 발행에 대한 승인이었다. 국민들은 동시다발테러 사건을 제2차 세계대전 때와 똑같이 중대한 사안으로 받아들였다고도 할 수 있다.

이 전시국채는 전쟁비용뿐 아니라 테러로 큰 피해를 입은 뉴욕 시의 복구 등에도 사용된다. 애국심을 발휘하고자 하는 미국 국민들이 저금리를 양해하고 매입한다면 정부의 재정부담이 가벼워지는 장점이 있음은 말할 필요도 없다.

다만 소비로 돌려져서 경기를 자극해야 할 자금이 이율이 낮은 전시국채 구입으로 회전하게 되면 경기에 부정적인 영향을 끼칠 수 있으므로, 재무부는 신중한 태도로 전시국채 발행의 타이밍을 노린 듯하다.

미국 방방곡곡에서 예비역 소집과 지원자 문의 쇄도

부시 대통령은 이번 전쟁을 기해서 예비역 소집을 결정하였다. 본격적으로 싸우겠다는 각오와 태도를 표명한 것이다. 동시다발테러 사건이 발생한 직후부터 전국에서는 군에 지원하겠다는 전화와 지원문의를 하는 전화가 쇄도하였다.

분노에 떠는 10대에서부터 퇴역군인에 이르기까지 수많은 지원자들이 "미국인으로서 나라에 보탬이 되겠다. 침해당하고 있는 자유를 지키겠다"며 나라를 위하여 기꺼이 헌신하겠다고 나섰다. 캘리포니아 육군모병사무소에는 평소의 몇 배가 되는 수십 건의 전화와 신청이 매일 들어왔다. 이와 같은 현상은 부시 대통령의 아버지가 일으킨 걸프전쟁 때도 있었지만, 이번에는 그때보다 열기가 훨씬 뜨거웠다고 한다.

예비역은 얼마간의 재훈련으로 금방 전투력이 되지만 지원병은 집중적인 훈련을 거치지 않으면 실전에는 도움이 되지 않아 전쟁터로 내보낼 수는 없다. 따라서 아프가니스탄 전쟁이 2001년 12월 중순에는 거의 종결되었으므로 지원병을 투입할 기회는 없었던 것으로 보인다. 하지만 어느 나라든 평상시에는 군인모집에 어려움을 겪게 마련이다. 이러저러한 수단을 구사해도 순순히 모병에 응하는 젊은이는 별로 많지 않기 때문이다. 때로는 일종의 호객꾼 따위의 수단을 사용하여 모병을 하는 경우도 있다고 한다.

그러나 IT거품경제의 꿈도 깨지고 또다시 실업률 증가로 돌아선 사회상황을 반영하는 것과 더불어 동시다발테러 사건이 젊은이들의 애국심을 강하게 자극한 탓인지, 자발적으로 지원하는 사람이 급증했다. 실로 부시 대통령의 의도가 멋지게 맞아떨어졌다고 할 수 있겠다.

재고무기 깨끗이 처분

1991년의 걸프전쟁 이후 살육무기의 발달은 괄목할 만한 수준이었기 때문에 아프가니스탄 전쟁은 최신의 첨단무기 실험장이 되었으며 대량살육 게임이 실행되었다고 할 수 있다. 마치 최강 무기의 전시장 같은 양상을 보였는가 하면 미·영연합군은 재고 무기와 탄약을 완전히 바닥낸다는 기세로 공격을 끈을 놓지 않았다.

2001년 10월 8일 미·영연합군은 우선 다음과 같은 무기로 공중폭격을 하기 시작했다.

* 아라비아해의 미 항공모함(2척)에서 함재기 F14톰캣, F18호네트 등 모두 약 25기가 발진
* 미 구축함과 순양함(총4척)에서 토마호크미사일, 미국과 영국 잠수함(각 1척)에서 토마호크미사일 등 모두 약 50기를 발사
* 디에고가르시아 섬에서 출격한 B1폭격기, B52폭격기 등 모두 13대 안팎 및 미 본토에서 출격한 B2스텔스폭격기 2대가 공격

이렇게 공중폭격은 시작되었고, 이후 이 과정에서 최신의 하이테크 무기가 소모되었다.

클러스터 폭탄은 단 한 발로 도쿄실내야구장 2개에 해당하는 넓은 범위의 사람들을 모두 죽이는 무기로, 1km 상공에서 투하하면 12발의 폭탄으로 분열되어 지상에 이르기까지 핸드볼 크기 600개, 파친코 크기 8천 발의 폭탄이 되어 지상에 쏟아져 내린다. 탈레반 병사들은 아무리 건물이나 바위 뒤에 숨어들어도 소용이 없다. 건물이 통째로 산산조각 나버리기 때문이다.

분당 3천 발을 발사할 수 있는 체인 건(chain gun)을 탑재한 UH60형 다목적 헬리콥터나 6천 발의 발칸포를 탑재한 AC-30건십(gun-ship)도 적을 덮쳤다.

지하 50미터까지 도달하고 두께 7미터의 콘크리트도 관통하는 벙커 버스터 폭탄을 쏘아대고, 산악지대의 지하 수미터에 숨어 있는 병

사들을 전술핵에 버금가는 위력을 지닌 대형폭탄(daisy cutter)이나 초강력 충격탄·기체폭탄으로 확실하게 죽였다고 한다.

록히드 마틴 사에 신형전투기 3천 대를 발주하다

아프가니스탄에 맹렬한 공중폭격을 한창 퍼부어대던 10월 26일, 국방부는 공군·해군·해병대를 비롯하여 영국 공군용의 차세대 주력전투기 JSF(joint strike fighter) F35의 개발 및 생산 업체로 거대 군수산업체 록히드 마틴 사를 선정하였다고 발표했다. 한 회사에 일괄발주를 한 것이다.

2040년까지 약 3천 대를 발주할 계획이며, 발주총액은 2천억 달러를 넘을 것으로 예상되어 지금까지 미군의 계약규모로는 최대이다.

JSF의 발주량은 최종적으로 미국 공군이 약 1800대, 해군이 약 400대, 해병대가 약 600대, 영국군이 50대 등 모두 2950대가 될 전망이며, 2008년 이후 순차적으로 실전에 배치할 예정이라고 한다. 부시 대통령이 역시 꺼내놓으려던 것을 내어놓았다는 느낌이 절로 든다.

JSF는 공군·해군·해병대의 전투기를 통합한 신형으로 공군의 F16, 해군의 F/A18, 해병대의 해리어의 후속 기종인 1인승 다목적형 전투기이다. 총길이 13.7m의 이 전투기는 초음속으로 비행이 가능하며 연료공급 없이 1100km 이상을 비행할 수 있다. 단거리 착륙이 가능한 STOVL 기술과 적 레이더에 잘 포착되지 않는 스텔스 기술을 채용하고 있다. 한 대당 제작비용은 2800만~3800만 달러.

이 신형 전투기의 개발에는 영국 정부가 개발비용으로 미국과 똑같이 20억 달러를 투입하고 있다. 또 영국의 BAE시스템스사가 JSF

프로젝트의 개발 및 생산의 10%를 담당하고, 미국의 GE엔진사가 주도하는 엔진개발에는 롤스로이스가 40%를 부담하였다.

1996년부터 개발계획에 들어가서 록히드 마틴 사와 보잉사가 서로 다른 두 기종을 개발, 치열한 수주경쟁을 펼친 끝에 부시 대통령은 록히드 마틴 사를 선택했다.

국방부는 기술이나 품질, 조작능력 등 종합적 성능을 근거로 해서 결정했다고 설명했지만, 그 이상의 이유에 관해서는 밝히지 않고 있다. 그러나 개발에 참여했던 영국 BAE시스템스사는 록히드 마틴 사와 밀접한 관계를 맺고 있었다.

아프가니스탄 전쟁에서는 영국의 블레어 수상이 처음부터 미국의 군사행동에 협조한다고 밝혔고 또 공중폭격을 시작한 경위가 있는데다 다국적군이나 UN군보다 영·미동맹을 우선시해 온 미국의 본심을 헤아려본다면, 록히드 마틴 사가 선정된 의미가 충분히 헤아려진다.

1999년 8월 말 국방부는 IGI(industrial globalization initiative) 정책을 수립함으로써 그때까지의 정책을 180도 전환시킨다.

미국은 최첨단 군사기술의 국외 유출을 막기 위해 국내 군수산업의 외국기업과의 합병을 원칙적으로 금지해 오던 지금까지의 태도를 완전히 바꾼 것이다. 그 주된 목적은 미국 군수산업이 해외의 유력한 군수산업과 전략적 제휴나 인수·합병(M&A) 등을 용이하게 할 수 있도록 하여 미국 군수산업의 기반을 강화한다는 것이었다.

동서냉전 후 구미 국가들의 군사비가 축소되는 상황에서, 신무기 개발 및 생산 비용을 절감하기 위해 군수산업의 재편을 유도한다는 목적과 또 동맹국이나 협력국가의 무기를 통일시켜 사용하기 쉽게 한다는 목적에서였다.

국방부가 JSF 발주처로 록히드 마틴 사를 선정한 것은, 록히드사가 이 새로운 노선에 따라 영국 BAE와 제휴를 강화해 온 점을 높이 평가했기 때문이라고 해석할 수도 있다.

이 밖에 부시 정권의 미네타 노동부 장관은 입각 전에 록히드 마틴 사의 중역으로 있었다는 사실을 떠올리면, 이 점 역시 선정에서 유력한 요건의 하나가 되었던 것은 아닌가 싶다. 이러한 여러 가지 이유로 해서, 경쟁상대였던 보잉사는 수주에서 제외된 것으로 보인다.

또 세계를 좌지우지하는 양대 재벌 록펠러 재벌과 로스차일드 재벌의 관계라는 측면에서 본다면, 보잉사는 록펠러 재벌계열이고, 록히드 마틴 사는 로스차일드 재벌계열이다. 다시 말해 이 구도에서 보면 부시 대통령은 로스차일드 재벌의 손을 들어준 셈이다.

하지만 또 한편으로 국방부는 앞으로 11년 동안 보잉사에도 JSF 이외의 전투기 발주를 계속할 방침이라고 결정함으로써 록펠러 재벌계도 배려를 하고 있다. 게다가 보잉사는 하청업체(subcontractor)로 JSF 프로젝트에 참여할 가능성도 있는 것으로 알려져 있다.

앞으로 국방부는 일본 등 동맹국들에도 JSF 채용을 겨냥한 공작을 해나갈 것으로 보인다. 세계의 군수산업에서 일본은 유럽에 버금가는 거대한 시장으로 랭크되어 있는 만큼 록히드마틴사가 일본을 타깃으로 삼지 않을 이유가 없다.

일본의 국방예산은 정부예산(2001년 약 82조 엔) 중 약 5조엔 규모 (약 6%)에 이른다. 자위대원의 급료를 비롯한 유지비로 방위예산의 약 60%가 사용된다고 하지만 실로 엄청난 규모이다. 그 위에 조선민주주의인민공화국(북한)이 동아시아 지역의 새로운 군사적 위협으로 부상하면서, 일본의 국방예산은 해마다 증가하는 추세에 있다. 그런 만큼 미국이 눈독을 들이는 것은 당연하다. 더욱이 미 국방부로서는 자위대가 미군과 동일한 규격의 무기를 사용해 주면 공동 군사행동을 원활하게 할 수 있다.

일본 정부는 2002년 국방예산 가운데 다섯번째 항목에 이지스 호위함(1475억 엔)의 구입을 포함시키고 있는 터라, 미국 군수산업으로서는 상객이 아닐 수 없다. 일본 정부에 미국 군사전략의 일부를 담당하도록 압박하는 동시에 JSF 구입 결단을 요구할 것은 불을 보듯 훤하다.

부시 대통령이 일으킨 전쟁이 얼마나 광범위한 범위에 혜택을 주었는지는 이상의 내용을 생각해 보는 것만으로도 명백해진다. 다음 장에서는 부시 정권의 이권구조를 좀더 상세하게 검증해 가도록 하겠다.

3. 석유를 노리는 부시 정권

부시 정권은 석유·군수 마피아 정권

무릇 어느 나라나 그렇지만, 정권이라는 것은 최고지도자인 대통령 혹은 수상을 비롯한 각료와 정권을 떠받치는 참모들의 정치사상과 이념, 정책 그리고 그때까지 이들 개개인이 쌓아올린 경력이나 이들의 지지기반 등에 따라 그 성격이 달라진다. 실현하고자 하는 사회상이나 추구하는 권익(이권)도 똑같을 수 없다.

2001년 1월 20일에 부시는 제43대 미국 대통령에 취임하였다. 그러면 이 정권은 도대체 어떤 성격과 특질을 지닌 정권일까? 그 대답을 한마디로 표현하면 '석유·군수 마피아 정권'이 될 것이다.

부시 대통령은 자신의 부족한 외교경험을 보완하기 위해 아버지 조지 부시 정권 당시에 국방장관을 지낸 체니를 부대통령으로, 파월 전 통합참모본부 의장을 국무장관으로, 그리고 포드 정권 때 국방장관을 역임한 럼즈펠드를 다시 국방장관으로 임명하여 외교정책 기반

을 베테랑들로 다졌다. 파월 국무장관과 여성인 국가안전보장담당
보좌관 라이스가 다 흑인인 것은 대통령선거에서 흑인의 90%가 고
어에게 표를 던진 데 대한 회유책이라고도 이야기되고 있다.

그러나 중요한 것은 그뿐만이 아니다. 각료 가운데 석유업자와 군
수산업 관계자가 여러 명 있는 점에 주목하면, 이 정권의 성격과 특
질이 자연스럽게 떠오른다. 석유산업과 군수산업에 관계하고 있는
주요 각료와 고위관료는 다음과 같다.

각료

대통령 조지 W. 부시(석유회사 경영자, 전 텍사스 주지사)

부대통령 리처드 B. 체니(석유관련 서비스회사 회장, 전 국방장관)

국무장관(안전보장담당) 콜린 L. 파월(전 통합참모본부 의장, 전
벡텔사 임원)

국방장관 도널드 럼즈펠드(전 제약회사 사장, 전 국방장관)

교통장관 노먼 미네타(석유회사 경영자, 전 새너제이 시장, 전 하
원의원)

고위관료

국무부 부장관 리처드 리 아미티지(전 국방부 국제안전보장담당
차관보)

대통령 국가안보보좌관 콘들리자 라이스(전 국가안전보장회의
소련·동유럽 담당 수석보좌관)

석유업계의 대부, 체니 부통령

그러면 이 인물들의 약력을 간단하게 살펴보기로 하겠다.

리처드 블루스 체니 부통령은 1941년 1월 30일 네브래스카 주 링컨에서 태어났으며, 아버지는 리처드 허버트 체니, 어머니의 결혼 전 이름은 마젤린 로렌 디키이다.

체니가 열세 살 때 아버지가 미국 서부의 와이오밍 주에 있는 농업부의 토양보전지구를 관리하게 되어서 가족 모두 같은 주 캐스퍼로 이사를 했다.

나트로나 군립고등학교를 졸업하고 장학금을 받아 코네티컷 주 예일대학에 진학. 2년 후 고향으로 돌아와 공부를 계속할 결심을 하고 와이오밍 대학에 다시 들어가 정치학 학사와 석사 학위를 취득한다. 이어 위스콘신 주 위스콘신 대학원 박사과정을 이수하며, 대학원 재학중인 1968년에 미국 의회 장학금을 받아서 정치의 중심지 워싱턴 DC로 진출한다.

대학원 졸업 후 위스콘신 주 지역구의 젊은 공화당 의원의 사무소와 평등위원회의 도널드 럼즈펠드 의장 밑에서 일하며, 70년 럼즈펠드가 리처드 닉슨 대통령의 대통령자문으로 취임했을 때 그도 자문보좌로 임명된다.

1974년 8월, 럼즈펠드가 제럴드 포드 대통령의 수석보좌관에 임명되자 그도 소용이 되었으며 같은 해 11월 럼즈펠드가 백악관을 떠난 후 대통령 수석보좌관으로 승진했다. 당시 34세였던 그는 역사상 최연소의 대통령 수석보좌관이었다. 정권이 카터 대통령으로 교체되어도 그는 그 자리를 지켰다.

1977년 와이오밍 주로 돌아와 공화당원으로서 정치활동하며 78년 같은 주에서 연방 하원의원에 선출되어 2년 임기를 다섯 차례나 거친다. 그 사이에 공화당 정책위원장, 하원 공화당협의회 의장, 하원 공화당 원내부총무 등을 역임한다.

1989년 조지 부시 대통령에 의해 국방장관에 임명되며 93년 1월까지 재임한다. 그 동안 파나마의 '정의(正義)작전', 중동에서 발발한 걸프전쟁의 '사막의 폭풍작전'을 지휘하였다.

1995년 세계 제2위의 석유관련 서비스회사 핼리버튼사(본사: 텍사스 주 달라스, 사원수: 세계 20개국에 10만 명)의 대표이사 겸 최고경영자로 취임. 핼리버튼사는 석유 채굴 및 기술공여 등과 같은 서비스를 하는 회사인데, 그가 입사했을 당시 이 회사의 실적은 세계에서 다섯 손가락 안에 들어갈락 말락 했으나 기술 면에서는 이류였다.

취임 후 그는 회사실적을 크게 신장시켰다. 1998년에 드레서 인더스트리를 합병함으로써 자본금은 거의 두 배 이상 증가했으며 업무효율도 향상되었다. 총 770억 달러였던 주식 시가총액은 현재 1580억 달러에 이른다.

1996년에는 대통령선거 입후보자의 하마평에 올랐지만, 이루지 못하고 조지 W. 부시의 부통령후보로 지명될 때까지 그 직위에 머물렀다. 현재의 부시 대통령은 그가 보필하는 네번째 대통령이다.

1964년에, 중학교 시절부터 연인이던 린 앤 빈센트와 결혼하여 엘리자베스, 메리 두 딸을 두었으며 현재 손녀딸이 셋 있다.

최대 건설업체 벡텔사에 근무했던 파월 국무장관

제65대 국무장관 콜린 L. 파월은 1937년 4월 5일 자메이카에서 이

민을 온 루사 파월과 그의 아내 모드 파월의 아들로 뉴욕 시에서 태어났다. 시내 사우스브롱크스에서 자랐으며 뉴욕의 공립학교를 다녔고 1958년 6월 뉴욕시립대학에서 지질학 학사학위를 취득, 이 대학의 예비역장교 훈련부대에도 참가하여 졸업 후 육군소위에 임관되었다. 조지 워싱턴 대학에서 MBA(경영학석사) 학위도 취득한다. 35년 동안 직업군인으로 지내면서 지휘관, 참모를 두루 거쳤으며 마지막에는 육군대장에까지 올랐다.

그중에서도 레이건 정권시절인 1986년 갈루치 국가안보담당 대통령보좌관의 차석보좌관으로 발탁되어 두각을 나타낸다. 체니 국방장관 밑에서는 1989년 10월 1일부터 93년 9월 30일까지 국방부 내에서 군인으로서는 최고의 지위인 제12대 통합참모본부 의장에 취임한다. 이 또한 흑인으로서는 미국 역사상 처음 있는 일이었다. 모두 공화당 정권 아래였다.

1991년 걸프전쟁 때는 '사막의 폭풍작전'을 지휘하여 승리를 거두는 등 재임중 28회에 이르는 위기에서 지휘를 맡았다. 공화당 대통령이 이끄는 '강한 미국'을 대표하는 국민적 영웅이었다. 퇴역 후 대통령후보자로 거론되었지만, 인종차별집단 등의 암살을 경계하여 결단을 못했다고 한다.

공직에서 물러나서는 미국의 최대 종합건설업체인 벡텔사의 중역으로 일한다. 벡텔사는 미국 정부가 추진해 오던 아제르바이잔에서 투르크메니스탄을 통과하는 천연가스 파이프라인 건설 컨소시엄의 핵심 기업이었는데, 이 계획은 러시아의 공세에 부딪혀 교섭이 결렬되어 철수하게 된다.

또 아메리카 온라인(AOL)의 중역으로도 취임. AOL은 그후 타임워너와 합병해서 AOL타임워너가 되며 그 산하에 CNN과 『타임』지를 거느리고 있다. AOL타임워너사의 스테판 케이스 회장과는 지난날 동료 사이이며 매스미디어에도 강한 영향력을 가진 것으로 알려져 있다.

파월 국무장관이 쓴 자서전『마이 아메리칸 자니』(1995)는 미국 내에서 베스트셀러이다. 가족으로는 부인 앨마와 딸 린다와 앤, 아들 마이클 그리고 마이클과 제인 부인 사이에 손자 제프리와 브라이언이 있다.

군수산업과 유착되어 있는 럼즈펠드 국방장관

도널드 럼즈펠드 국방장관은 제21대 장관이다. 1975～77년에 제13대 국방장관(미국 역사상 최연소 국방장관)을 역임하였으므로 이번이 두번째 국방장관직이다.

냉전시대의 매파 정치가이며 나름대로 신념을 가지고 국가미사일 방위체제(NMD)를 추진하는 장본인이기도 하다. 지금까지도 국방산업과의 유착관계를 둘러싼 소문이 끈질기게 따라다니고 있다.

1932년 일리노이 주 시카고에서 출생. 장학금을 받고 입학한 프린스턴 대학을 54년에 졸업하고, 1954～57년에 미 해군 비행사로 군복무를 하였다.

아이젠하워 정권시대인 1957년에 오하이오 주 지역구 연방 하원의원의 총무담당 보좌관으로 워싱턴DC에 진출한다. 그후 잠깐 투자은행에 근무했으나 1962년 약관 30세로 일리노이 주에서 연방 하원의원에 선출되어 64, 66, 68년에도 재선되었다. 1969년 4선 의원직을 물러나고 73년 41세 때 닉슨 정권에서 나토 미국대사를 지낸다.

1974년 닉슨이 물러난 후 포드 대통령의 수석보좌관, 75년에는 역사상 최연소인 43세의 나이로 국방장관에 취임하였으며, 자기 방침에 따르지 않는 간부들을 즉각 자리에서 물러나게 하는 등 탁월한 조직관리 능력을 발휘하였다.

참고로 말하면 이 자세는 지금도 변함이 없는바, 이번 부시 정권의 인사조치 때도 아미티지 국방부 부장관을 거부했다. 자신의 방침에 따라 인물등용을 함으로써 조직장악에 대한 강한 의지를 드러냈다. 강한 성격의 소유자이다.

퇴임 후 민간부문으로 옮겨가 상당한 부를 쌓았으며 프린스턴 대학의 우드로 윌슨 국제문제대학원 및 노스웨스턴 대학의 켈로그 경영대학원에서 한 학기 동안 강의를 하기도 했다.

이후 길리어드 사이언스 사에서 (경영권이 없는) 대표이사를 맡은 것 외에도 아시아 브라운 보벨리(ABB) 및 아밀린 제약회사에서 임원을 역임한다. 또 살로몬 스미스 바니 인터내셔널 사의 고문회의 의장 등을 비롯하여 여러 기업의 고문을 지냈다.

1990년부터 3년 동안 제너럴 인스투르먼트(GI) 회장 겸 최고경영자로 재직한다. GI사는 케이블·위성 및 지상방송용의 광지역 통·배신, 접근제어(access controller) 기술의 리더이자 완전디지털고품질TV(HDTV) 기술개발의 선구자이다.

실업계에 있는 동안에도 중동특사, 미국 국방대학 이사, 미일관계위원회 위원, 연방통신위원회, HDTV자문위원회, 대(對)미 탄도미사일 위협에 관한 위원회의 위원장, 국가안전보장 우주관리조직평가위원회 의장 등을 맡았다.

1954년에 결혼한 부인 조이스와의 사이에 자녀가 셋 있으며 손자가 다섯 있다. 부인은 시카고교육재단의 창설자이며 회장을 역임한 실력자이기도 하다.

그 밖의 관료들도…

미네타 교통장관은 2차대전 당시 나이 열 살 때 일본계 미국인 수용소에 수용되었던 쓰라린 경험을 지니고 있다. 캘리포니아 대학 바클레 스쿨 졸업.

1967년에 새너제이 시의회 의원에 당선되어 정계에 입문. 미국 주요 도시의 시장에 취임한 최초의 아시아계 미국인으로서 1971~74년 캘리포니아 주 새너제이 시장을 지냈다. 1974년에 하원의원이 되어 95년까지 의원직을 가지고 있었는데 이 20년 동안 하원 운수위원회 소속(2년 동안 위원장을 지냄) 의원으로서, 일본식으로 말하면 이른바 운수(運輸) 통으로 활약했다.

1995년에 세계적인 군수산업의 최고봉인 록히드 마틴 사의 수송시스템 서비스 담당 수석부사장에 취임. 2000년 7월 윌리엄 데리가 고어 부통령(당시)의 선거운동을 위해 물러나자, 후임 상무장관으로 발탁되어 각료에 취임한 최초의 아시아계 미국인이 되었다. 또한 부시 정권에 가담한 유일한 민주당원이며 '항로개방'(open sky) 등 국제항공자유화협정의 강력한 지지자로 알려져 있다.

아미티지 국무부 부장관은 처음에 국방부 부장관으로 하마평이 높았다. 하지만 앞에서 설명했듯이 럼즈펠드 국방장관이 거부하여 국무부 부장관으로 발탁되었다. 1967년에 아나폴리스의 미 해군사관학교를 졸업하고 해군장교로 베트남전쟁에 참전한다. 1983~89년에 국방부 국제안전보장담당 차관보로서 미일안전보장 문제를 다루는 등 국방부에서 친일파로 알려져 온 영재이다.

라이스 안보담당 보좌관은 나이 열다섯에 덴버 대학에 입학하여 열아홉 살에 졸업한 재원이다. 철저한 공화당원으로, 외교정책은 '강경 보수'. 레이건 정권시대에 통합참모본부 의장 특별고문, 전 부시 정권 때는 백악관 국가안전보장회의의 소련·동유럽 담당 수석보좌관 등을 지냈다. 1998년 이후 지금의 부시 대통령이 텍사스 주지사 때부터 개인적으로 돈독한 관계를 맺었으며, 99년 부시가 대통령후보로 지명될 무렵에는 스탠퍼드 대학의 요직을 떠나 부시의 외교자문을 맡는다.

여기에 소개한 사람들 외에도, 예컨대 상무장관 에번스는 석유관련 업계의 출신인가 하면 에너지산업 관련, 군수산업 관련의 관료들이 많은 것은 확실하다.

앞장에서는 군수산업이 왜 전쟁을 필요로 하는지 그 구도에 관해 설명했는데, 여기서는 석유 등의 에너지산업이 왜 지금 전쟁을 필요로 하는지를 밝혀나가겠다.

고갈되고 있는 미국의 석유자원

일반적으로 믿기 어려운 이야기이지만, 광대한 국토를 가졌고 석유나 천연가스 등 풍부한 지하자원을 보유한 자원대국으로 알려진 미국이 요즈음 들어서 크게 상황이 바뀌고 있다.

부시 대통령을 비롯하여 주로 에너지산업과 관련되어 있는 각료들이 특히 미국의 석유자원에 대해 강한 위기의식을 가지고 있다는 것이다. 부시 대통령은 취임 이래 줄곧 다음과 같이 상당히 강한 경계심을 나타내는 발언을 하고 있다고 한다. "미국의 석유자원 매장량은 1300억 배럴밖에 안 되는 것으로 확인되고 있다. 미국 국민은 연간 70억 배럴의 석유를 소비하고 있으므로 이 소비량이 계속된다면 앞으로 18년도 채 못 되어 고갈되고 만다."

미국은 석유를 비롯하여 천연가스, 석탄 등을 가장 많이 사용하는 세계 제1위의 '에너지소비 대국'이다. 이 영향으로 미국은 가까운 장래에 '자원대국'에서 '자원소국'으로 전락할 날이 눈앞에 다가와 있다.

구체적으로 살펴보면 미국은 전세계 에너지 소비량의 무려 1/4(그 중 약 40%가 석유, 약 25%가 천연가스)을 사용하고 있다. 그러나 세계 최대의 에너지 낭비사회임에도 불구하고 에너지 절약대책은 뒤쳐져 있어서 국민1인당 소비량은 일본의 2배에 이른다.

소비량 제2위는 구 소련으로 약 17%를 소비하며, 국토가 높은 위도에 위치하고 있기 때문에 주로 난방용으로 사용된다. 제3위인 중국은 인구가 많기 때문이고, 4위는 일본이다.

자원소국으로서 석유나 천연가스의 거의 대부분을 해외에서 수입하고 있는 일본은 광대한 국토에 석유자원을 보유한 미국을 부럽게 여겨왔다. 그런 미국이 '석유자원 고갈의 위기감을 가지고 있다'는 사실이 쉽사리 믿어지지 않는다.

그러나 미국 국민들에게서는 에너지 절약의식을 거의 찾아볼 수 없다. 냉난방의 경우, 일본처럼 각 방에 스위치 장치를 설치하는 것과 달리 일반적으로 스위치 하나로 모든 방의 장치에 전원이 들어가는 구조로 되어 있다. 거실은 물론 복도며 현관이며 주방, 화장실 등 집 전체가 일괄적으로 온도조절이 되는 식이다.

겨울이면 후끈후끈한 방안에서 반팔 T셔츠를 입고 아이스크림을 먹는다. 이것을 아메리칸 스타일이라고 하는 모양이다. 아무리 날씨

가 좋아도 세탁물은 꼭 건조기로 말리고 몇 개 안 되는 그릇도 식기
세척기를 사용한다. TV는 물론 실내의 불은 다 켜놓는 등, 한마디로
대범하기 짝이 없다. 일본인들처럼 절약이나 검약하는 습관이라든가
의식은 거의 찾아볼 수 없다고 해도 과언이 아니다.

그리고 이런 생활방식을 보장해 주는 대통령을 지지하여 하나로
뭉치는 국민이다. 게다가 이와 같은 생활이 아시아나 아프리카 발전
도상국가들의 희생 위에서 이루어진다는 데는 좀처럼 의식이 미치지
않는 국민이거니와 또 설사 인식했다 할지라도 생활양식을 바꾸지
못하는 국민성인 것이다.

위기감이 몰고 온 석유에 대한 욕망

이 때문에 부시 대통령은 대통령선거운동이 한창일 때부터 정책
중에서도 에너지정책을 최우선 사항의 하나로 설정하고 있었다.

2000년 9월 하순 대통령후보자 부시는 미시건 주에서 유세를 하면
서, 자신이 구상하는 에너지계획의 개요를 이렇게 역설했다. "미국의
에너지수요는 생산량을 훨씬 초과하게 될 전망이며, 이 때문에 미국
내의 석유채굴을 확대할 필요가 있다. 오늘날에는 인터넷을 작동하
는 데 필요한 기기(機器)류가 미국에서 생산되는 전력의 8%를 소비
하고 있기 때문에 재생 가능한 에너지나 전력이 더욱더 필요하다."

그리고 2001년 4월 29일 부시 대통령은, 뒤에서 설명하는 캘리포니
아 주의 전력위기와 석유가격 폭등에 대처하는 특별위원회(task
force)의 책임자로 체니 부통령을 임명하였다.

체니 부통령을 중심으로 해서, 전력위기의 완화를 목적으로 하여

단기적으로는 위기에 대응하고 장기적인 차원에서는 미국 내의 에너지개발을 강화해 나가기로 한 것이다. 부시 대통령은 "캘리포니아의 위기가 다른 주에도 악영향을 끼치기 시작하여 경계하고 있다"고 설명하면서 이 특별위원회에서 대책을 논의하게 할 방침임을 밝혔다. 동시에 에너지가격 폭등 문제와 수입원유에 대한 높은 의존도 문제 등을 검토할 것을 약속하였다.

또한 대통령선거에서 공약한 알래스카 주 환경보호구역의 석유채굴과 천연가스 파이프라인 건설 등을 추진하여 국내의 에너지 생산을 증대해 나갈 계획임을 시사했다.

부시 대통령의 머릿속에서는 에너지위기 문제가 떠나지 않았던 것일까. 같은 해 5월 7일 연설에서도 또다시 이 문제를 언급한다.

"국민들에게 소리 높여 분명하게 알려주지 않으면 안 될 것이 있다. 다름아니라 우리가 미국의 에너지를 탕진해 가고 있다는 사실이다."

체니 부통령도 정권수립 이래 '석유자원 고갈'이라는 경고를 되풀이하고 있다. 체니는 대통령이 재임중에 만일의 경우, 즉 병으로 쓰러지든가 암살당하거나 했을 때는 대통령에 취임할 지위에 있다. 석유메이저의 정점에 서 있고 석유 억만장자이기도 하며 에너지정책의 명실공히 대통령 보좌로서 최고의 지위에 있는 그가 이렇게 경고하고 있는 것이다.

확실히 많은 에너지전문가들이, 미국의 석유생산량은 1970년대에 최고조에 이르렀고 전세계의 석유생산량도 앞으로 10년 내에 최고조를 맞이할 것이라고 예측하고 있다. 인류가 지금과 같이 석유자원을 계속 사용하면, 아무리 열심히 탐사하여 새로 발견될 수 있는 석유를 포함한다 해도 결국에는 연간소비량의 1/3, 1/4밖에 공급할 수 없게 된다고 보고 있는 것이다.

그런 만큼 '석유자원'을 주축으로 해서 부를 쌓아올린 이 두 권력자는 위기감을 고조시키면서 국민들을 선동하고, 이와 동시에 남아 있는 석유자원에 대해 한없는 '갈망'과 '욕망'을 더욱더 불태우고 있는 것이다.

바야흐로 석유마피아가 나설 차례

미국 국민들이 석유자원의 고갈을 통절하게 걱정하는 계기가 된 사건이 있었다. 2001년 1월 17일 캘리포니아 주에서 도산의 위기에 처한 전력회사 두 군데가 일부 지역에 대해 전기공급을 중단한 일이 발생했다. 캘리포니아 주의 샌프란시스코와 새크라멘토 등 북부와 중부 지역에서 일어난 사건이다.

1970년대 말 지미 카터 대통령 시기의 제2차 오일파동 당시 동부 지역에 정전사태가 일어나 많은 시민들이 공포에 떨었던 경험이 있는데, 캘리포니아 주의 정전은 이를 상기시키고도 남을 만한 소동이었다.

그러면 전력회사는 왜 전기공급을 중단한 것일까. 그것은 소비전력량이 공급전력량을 초과하여 전면적인 정전사태가 발생하는 것을 막기 위한 일시적인 조치였다.

약 1시간에서 1시간 반 동안 정전이 되어 학교의 엘리베이터가 작동중에 정지하는 바람에 학생들이 잠시 갇히는 소동 외에 약 50만 명이 이 영향을 받았다.

미국에서 전력위기가 표면화된 것은 2000년 봄부터이지만, 실제로 정전사태가 발생한 것은 이때가 처음이었다. 빠른 시일 내 전력회사의 경영이 개선될 전망이 없는데다 앞으로도 간간이 정전사태가 발생할 수 있다는 사실이 알려지면서 주민들은 몹시 불안해했다.

이것이 원인이 되어 미국에서는 에너지위기에 대한 우려가 강해졌고 중서부에서는 가솔린 가격이 폭등하는 사태가 일어났다. 이를 계기로 대부분의 국민들은 에너지위기에 대해 진지하게 생각하게 되었던 것이다. 미국 내 정치가라면 누구나 에너지대책을 검토하기 시작했다. 부시도 "국민들에게 안도감을 주지 않으면 안 된다"며 이 변화를 민감하게 받아들였다.

앞에서 말한 바와 같이 부시는 젊은 시절 비록 실패하기는 했지만 한때 석유회사를 경영한 경험이 있다. 또 정치가의 입장에서는 석유업계로부터 거액의 정치자금 제공과 더불어 지원을 받고 있거니와 자신만만한 에너지정책으로 독자성을 부각시키려고 했다고 봐도 좋을 것이다.

체니 부통령은 시정방침에 관한 연설에서 다음과 같은 내용들을 강조했다.

"석유, 석탄, 천연가스는 앞으로도 오랫동안 미국의 최대 전력원이 될 것이다. 이와 같은 화석연료의 매장장소를 더 많이 찾아낼 수 있도록 정부는 지원해야 할 것이다."

"향후 20년 사이에 1900개의 발전소가 새로 건설되어야 하는데, 이것은 일주일에 두 개 꼴이다."

굳이 '전화위복'이라는 속담까지 내세울 것은 없겠지만, 부시 대통령과 체니 부통령 등 구 경제(old economy)의 대표라고도 할 수 있는 '석유마피아정권'의 권력자들은 최고의 타이밍을 잡은 것이다. 바야흐로 '석유마피아'가 나설 차례가 도래했다.

부시 정권의 에너지정책

2001년 5월 17일 부시 대통령은 '국가에너지정책'을 발표하였다. 체니 부통령이 위원장으로 있는 에너지정책입안 특별위원회가 정리한 것이다.

이 에너지정책의 전문은 백악관의 홈페이지에 게재되고 있으므로 미국인뿐 아니라 전세계 사람들이 다 읽을 수 있다.

책으로 170쪽에 이르는 방대한 양의 이 에너지정책은, 야당 민주당의 게파트 하원 원내총무가 "마치 엑슨 모빌(세계 최대 석유메이저)의 보고서 같다"고 탄식한 것으로 알려져 있을 정도이다.

게파트 하원 원내총무는 이 분량에 압도된다는 점과 지나치게 에너지업계 쪽에 편향되어서 환경보호를 희생시키는 내용으로 되어 있는 점을 비판하고 있다.

부시 정권이 표방한 '국가에너지정책'은 주로 다음과 같은 내용으로 구성되어 있다.

① 캘리포니아 주의 에너지위기 등을 배경으로 해서 에너지정책을 최우선 과제로 설정하며 에너지 절약과 에너지 인프라의 강화, 에너지 공급 확대, 환경보호 가속화, 에너지 안전보장의 강화라는 다섯 가지 목표 아래 100여 개의 갖가지 대책을 열거하고 있다.

② 향후 에너지 수요의 급증에 대응하기 위해 다양한 에너지원의 공급 확대, 파이프라인, 송전망, 발전소, 정유소 등 에너지 인프라 강화를 중시하며, 자연에너지 발전소 개발과 전기(hybrid)자동차 구입에 대한 우대조치 등도 언급하고 있다.

③ 온실효과 가스를 줄인다는 차원에서 원자력의 역할을 강조하며 원자력 이용의 확대를 지지한다. 원자력 이용과 관련해서는 오염이

나 폐기물이 더 적고 훨씬 효율적이며 핵무기로의 전용이 곤란한 연료처리 기술이나 사용 후 연료의 재처리기술 개발을 강조.

이와 같이 부시 정권의 국가에너지정책은 한마디로 화석연료와 원자력을 병행 증산한다는 정책이다.

1979년 미국 스리마일 섬에서는 원자력발전소 사고로 원자로 일부가 융해되면서 방사능이 외부로 유출되어 인근 주민들이 대피하는 큰 사고가 일어났다. 이것이 계기가 되어 미국에서는 원자력발전소 건설의 움직임이 중단되었다.

그러던 것이 부시 대통령의 출범을 기회로 삼아, 오랫동안 잠복해 있던 원자력 지지파가 복권을 꾀하고자 했다.

원래 부시 정권은 석유·천연가스 중심의 에너지정책을 수립할 계획이었다. 그런데 원자력산업의 강력한 로비활동 공세를 받음으로 해서 원자력에도 크게 무게를 두게 된 듯하다.

체니 부통령을 리더로 하는 국가에너지정책수립 그룹에는 원자력산업과 밀접하게 연결되어 있는 에너지부의 고위관료 조 켈리하를 비롯하여 원자력 로비스트가 다수 참가해 있다고 한다. 석유마피아 정권도 원자력 지지파의 공세를 받아 그들의 제안을 정책에 반영하지 않을 수 없었을 터이다.

부시 대통령은 이 국가에너지정책에서 "미국은 앞으로도 에너지소비를 더욱 증대한다"는 자세를 명확하게 보이고 있으며, 에너지를 바닥내고 있다는 석유자원 고갈에 대한 위기의식과 정반대의 모순된 내용이 되고 있다. 요컨대 "미국은 앞으로도 원자력발전소를 잇따라 건설할 것이며 석유나 천연가스를 증산"한다고 선언한 것이나 다름없었다.

부시 대통령은 국가에너지정책을 발표한 직후, 체니 부통령이 말하고 있는 것과 똑같은 어조로 "20년 동안 1300개 내지 1900개의 새로운 발전소가 필요하다"고 밝혔다. 여기에는 기존의 원자력발전소가 노후하여 21년 이내에 사용한도기한(40년)을 맞이하는 발전소가 약 90%(현재 103기의 상업용 원자력발전소가 가동)나 된다는 절박한 사정도 배후에 깔려 있었다.

이와 더불어 야생생물보호구역의 유전이나 천연가스 개발에 착수한다는 방침도 밝혔다. 지구환경보호정책에 힘을 기울여온 클린턴 정권의 방침을 전면 부인하고 에너지정책을 180도 전환시키는 순간이었다.

화석연료와 원자력을 증산한다는, 이른바 '저돌적인' 에너지정책에 희생된 것은 다름아니라 환경보호정책이었다. 공화당은 대통령의 뜻을 받들어 에너지 공급 확대를 도모하는 법안을 제출하였는데 여기에는 자연보호를 위한 규제를 완화하는 내용도 포함되어 있었다.

이러한 흐름이 미국 에너지정책의 주류가 되어 교토의정서에까지 강한 영향을 끼치면서 어두운 그림자를 드리우게 되었던 것이다.

그러나 이것은 부시 대통령이 '석유마피아정권'이기 때문인 것으로, 말하자면 숙명이라고도 볼 수 있다.

석유·천연가스의 수입대국, 미국

미국 내의 석유자원의 앞날이 보이고 있는 현재, 부시 대통령이 국가에너지정책에서 국민들에게 약속한 대로 '석유자원의 대량소비'를 유지하고 나아가 더 많은 양을 소비할 수 있게 하기 위해서는 미국 밖에서 석유자원을 찾아야 한다. 자기 나라에 없으면 다른 나라에서

구하면 된다는 식이다.

사실 미국은 부시 정권이 출범하기 이전부터 석유·천연가스의 수입대국이었다. 미국 석유소비의 수입의존도는 카터 정권시대의 33%에서 지금은 56%로 높아져 있다.

주요 수입의존 지역은 중동이며 그 최고는 놀랍게도 지금도 전쟁상태에 있는, 사담 후세인이 이끄는 이라크이다. 대략 1배럴당 25달러 안팎으로 거래되는 석유가 매일 60만 배럴이나 구입된다고 한다. 즉 하루에 1500만 달러의 현금을 이라크에 건네주고 있다는 계산이 나오니 놀라울 따름이다.

석유전문가에 따르면, 미국 이외의 전세계 석유매장량은 2조 3천억 배럴인 것으로 확인되고 있다. 현재 세계소비량이 연간 200억 배럴이므로 이 추세의 소비량이 계속된다고 가정하면 100년 이상은 지탱될 전망이다.

일찍이 재계인사, 경제학자, 과학자로 구성된 국제적인 연구제언그룹 '로마클럽'이 "석유는 앞으로 30년 분밖에 없다"는 등의 예측을 내어놓아 온 세계가 불안에 떨었던 시대가 있었다. 그 우려가 지금은 마치 거짓말이기라도 한 것처럼 온데간데없이 사라져 버린 상황으로 바뀌어 있다. 유전의 수명을 나타내는 척도로 사용되는 '가채연수'(可採年數), 즉 확인매장량을 현재의 연간생산량으로 나눈 수치도 감소하기는커녕 해마다 증가추세에 있다는 것이다.

이것은 20세기 후반 들어서 확인매장량이 증가해 왔기 때문이다. 그 배경에는 다음과 같은 사정이 있다.

① 북해유전에서 새롭게 유전이 발견된 것을 비롯하여 잇따라 새 유전이 발견되었으며 지금도 탐사가 계속되고 있다.

② 기술이 진보하면서 한 군데 유전에서 회수 가능한 석유의 양이

증가하였다.

③ 지금까지 산유국은 매장량 데이터를 국가기밀로 해서 과소 보고해 왔지만 최근 들어 대폭 상향 수정되어 왔다.

이상의 정보를 종합해 보면, 요컨대 정확한 매장량은 파악되지 않는다는 것이다. 전세계의 확인매장량은 2조 3500억 배럴인 것으로 알려져 있지만 이것 자체도 상당히 대략적인 수치이다.

부시 대통령이나 체니 부통령이 위기감을 부추기는 한편으로 석유를 비롯해서 에너지 소비를 더욱더 늘리는 자세를 분명히 하는 등, 태평스럽게 야단법석을 떠는 자세를 보일 수 있는 것은 필시 이러한 낙관적인 전망이 있기 때문일 것이다.

그렇다 하더라도 환경 면에서 석탄보다 깨끗하고 값이 저렴한 천연가스의 미국 내 생산량이 감소하고 수입량이 계속 증가하고 있는 점을 고려하면, 결코 안심할 수 없는 일이다.

그렇다면 석유나 천연가스 등의 지하자원을 찾아서 미국이 게걸스럽게 온 세계를 헤매고 다니는 것은 당연하다고도 말할 수 있다.

이것은 비극이기도 하지만, 물론 자원소국인 일본의 입장에서도 웃을 이야기가 아니고 오히려 자원에 대한 위기감조차 희박한 국민이 많은 일본 쪽이 더 비극적인지도 모른다.

부시 대통령의 경우는 특히 국민들에게 "에너지의 대량생산, 대량소비"를 공약하고 있는 이상 체면불구하고 자원을 겨냥한 세계전략을 전개할 수밖에 없는 입장에 놓여 있다.

그러나 그 배후에 도사리고 있는, 석유·천연가스 자원을 확보하기 위해서는 다른 나라 국민들을 희생시켜도 상관없다는 에고이즘이 훤히 들여다보인다. 바로 이것이 부시 대통령을 전쟁으로 몰고 가는 하나의 이유인 것이다.

4. 2대재벌에 좌지우지되는 미국 정부

뉴욕은 2대재벌의 아성

앞장에서 살펴본, 부시 대통령이 일으킨 전쟁의 이면에 숨겨져 있는 에너지 쟁탈전에 관해서 자세하게 다루기 전에 또 한 가지, 이번 전쟁의 배경에 깔려 있는 불순한 움직임을 먼저 설명하기로 하자.

뉴욕 시는 미국경제의 중심지일 뿐 아니라 세계경제의 중심이기도 하다. 인구는 약 700만 명이며, 이 가운데 유태인은 250만~300만 명이라고 한다.

미국 전역에는 557만 명의 재미 유태인이 있는데, 미국 전체 인구의 3%에 불과하다. 그런데도 뉴욕에 이 정도의 유태인이 살고 있으니 이 거리는 특히 유태계 미국인이 몰려 있는 셈이다.

그러다 보니 시장이 되기 위해서도 유태계 사람들의 표를 얻지 못하면 안 되거니와, 실제로 줄리아노 전 시장 역시 유태계이다.

클린턴 전 대통령의 부인 힐러리도 뉴욕 주 상원의원선거에 입후보할 때 커다란 표밭인 뉴욕 시에 가장 힘을 쏟아서 당선되었다. 힐러리는 특히 유태인들의 지지를 얻기 위해 유태인 위주의 정책을 부각시켜서(appeal) 성공했다.

이런 뉴욕 시 중에서도 맨해튼은 '국제금융자본'과 '석유메이저'(탄광 · 개발 · 생산에서부터 정제 · 수송 · 판매까지의 일괄조업을 세계적인 규모로 수행하는 국제석유자본)의 본거지이며, 남북으로 두 개 건물이 서 있는 세계무역센터는 자본주의 대국 미국을 대표하는 존재였다. 그리고 세계경제를 움직이는 국제금융의 중심임을 자임하는 뉴욕 맨해튼의 상징이기도 했다.

나아가 이 거리는 세계경제에서부터 세계정치까지를 움직이는 2대 재벌의 본거지이다. 여기서 2대재벌은 록펠러 재벌과 로스차일드 재벌을 말한다.

록펠러 재벌은 미국의 백인기독교 보수의 본류(백인 앵글로색슨계, 반시오니스트파)를 배경으로 하고 있으며, 로스차일드 재벌은 유태(유태계, 영국 시오니스트파) 계열이다.

시오니스트는 시오니즘 신봉자를 가리키는 단어인데, 여기서 '시온'은 예루살렘의 아명(雅名)이다. 그리고 시오니즘은 이 이름을 기리면서 성지 팔레스타인에 유태인 국가를 건설하고자 하는 운동이다.

이 시오니즘이 정치운동으로 발전한 것은 19세기인데, 1897년 바젤에서 제1회 시오니스트 대회가 개최되고 여러 나라들에서 활동이 계속되었다. 1917년 영국이 발표한 '밸푸어선언'(Balfour Declaration, 영국 외무장관 밸푸어가 시오니즘 운동 지도자 로스차일드 경 앞으로 보낸 편지에서 발표된 내용으로 팔레스타인에 유태인 국가 건설에 대한 영국의 지지를 약속함-옮긴이)에 힘을 얻어 수많은 유태인들이 팔레스타인으로 이주하였으며, 제2차 세계대전 후에는 이 지역에 이스라엘공화국을 수립하였다.

따라서 록펠러 재벌이 백인 앵글로색슨(WASP)의 부와 힘을 대표한다면, 유태를 대표하는 것은 로스차일드 재벌이다.

동시다발테러범 집단이 세계무역센터를 겨냥했던 것은, 바로 이곳이 세계 정치와 경제를 움직이는 2대재벌의 거점이기 때문이었을 것이다.

그렇다면 오사마 빈 라덴의 종교사상과의 연관성이 자연스럽게 떠오르게 된다. 빈 라덴은 1998년 2월 '유태인·십자군에 대항한 성전을 위한 국제이슬람전선'을 결성하여 '미국인과 유태인의 섬멸'을 선언하였다.

테러범들은 '미국인과 유태인'을 철저하게 적대시하고 그 대표적인 존재인 록펠러 재벌과 로스차일드 재벌에게 창 끝을 돌린 것이 아닐까. 2대재벌이 전세계 부의 독점을 기도하고 빈부의 격차를 만들어내는 원흉이라고 생각했을 것이다. 세계무역센터에 돌진하는 자살폭탄 테러를 감행함으로써 전세계를 향해 2대재벌에 대한 항의의 의지를 표명한 셈이다.

여기서 2대재벌의 세계암약설이나 유태인의 음모설을 말하려는 생각은 털끝만치도 없지만, 이 두 재벌이 실질적으로 미국 정치에 미치는 영향력은 결코 무시할 수 없다.

그래서 새삼 2대재벌과 미국 정부의 관계를 살펴보고자 한다.

세계 석유·천연가스 자원을 지배하는 록펠러 재벌

록펠러 재벌의 시조는 독일에서 이민한 윌리엄 에이블리 록펠러

(통칭 도크)이다. 그 부인은 열렬한 기독교인이었다고 한다. 그리고 그의 아들 존 데이비슨 록펠러1세(1839~1937)야말로 일약 석유왕으로 발돋움함으로써, 국민들에게 기민하고 명석한 두뇌와 수완만 있으면 성공할 수 있다는 꿈을 심어주었던 신흥 미국의 명실상부한 영웅이었다.

가난한 가정의 출신으로 1870년 스탠더드 석유회사를 설립하고 경쟁회사를 모두 흡수하거나 몰아냄으로써 석유업계의 지배자가 되었으며, 산업자본에서 금융자본으로 발전하여 록펠러 재단의 기초를 쌓는다.

록펠러1세의 외동아들인 록펠러2세는 자선사업가로 이름이 높으며, 1930년대에 뉴욕 시의 새로운 명소인 록펠러 센터를 건설하는 데 노력했다. 제2차 세계대전 후에는 뉴욕의 국제연합본부를 위해 부지를 기부하는 등 국제적인 협력 촉진에 온힘을 기울였다.

그 자손이 지금도 석유메이저로서 세계의 석유·천연가스 자원을 지배하거나 지배하려고 활발하게 활동하고 있다.

록펠러 재벌이 관리하는 재산은 6400억 달러, 다국적기업 200개 사를 지배. 미국 10대기업 중 6개 기업, 10대보험회사 중 6개 기업이 록펠러 재벌계열이며, 부는 미국 국민총생산의 50%를 넘는 것으로 알려져 있다.

록펠러 재벌계열의 대표적인 대기업은 다음의 〈표 1〉과 같다.

록펠러 일족에 대해서는 WASP인가 유태인인가라는 의문이 오랫동안 따라다녔지만, 제2차 세계대전 이후로는 WASP설이 힘을 얻고 있다.

이스라엘이나 유태와의 관계에서 로스차일드 재벌이 시오니즘을 지지하고 뒷받침해 주고 있는 데 반해, 록펠러 재벌은 어느 쪽인가

<표 1> 록펠러 재벌계열의 주요한 유명기업

석유	엑슨(구 스탠더드 오일), 모빌, 텍사코
항공기	보잉
건설	벡텔(미국)
은행	체이스맨해튼, 시티뱅크
증권	메릴린치, 모건 스탠리
보험	GM캐피털, 프루덴셜
금융	USX
전기	GE
정보·통신	IBM, MCI
자동차	GM
매스컴	월 스트리트 저널, AP, NBC-TV, US뉴스&월드 리포트

하면 반(反)시오니즘 경향이 강하다. 레이건 대통령과 밀착되어 있었던 토목건설회사 벡텔사처럼, 아랍과 유대가 깊은 기업도 적지 않다. 벡텔사는 일본으로 말하자면 유력한 종합건설체인 가지마(鹿島)건설과 같은 존재이다.

록펠러 재벌은 지금까지 제3세계나 개발도상국가에 대한 투자전략에 힘을 쏟아왔는데, 석유사업과 더불어 시설건설 부문을 담당해 온 것이 바로 이 벡텔사이다. 록펠러의 한 분야를 담당하면서 사우디아라비아를 잠식해 들어가는 등 적극적으로 사업을 전개해 왔다.

록펠러가 석유뿐 아니라 건설부문에서도 사우디아라비아에 중요한 지위를 확고하게 구축했다는 점은 흥미롭다. 더욱이 이 동안 사우디아라비아의 건설왕으로 부호의 반열에까지 오른 오사마 빈 라덴의 아버지와도 밀접한 관계를 맺고 있었다는 점은 주목할 만한 일이다.

프랑크푸르트의 대금업자에서 일약 로스차일드 재벌로 성장

한편 로스차일드 재벌은 본거지를 유럽에 두고 있으며 전세계 부의 반을 소유하고 있는 것으로 알려져 있다.

로스차일드의 시조는 마이어 암셀 로스차일드(로스차일드1세, 1744~1812)이다. 1760년에 그는 독일 프랑크푸르트 암 마인의 유태인 게토에서 가게에 '붉은 방패'를 내걸고 환전상을 시작했다. '붉은 방패'는 독일어로 '로트실트'라고 발음하는데, 이것의 영어식 발음이 '로스차일드'이다.

그후 로스차일드1세는 헤센 지방의 부유한 봉건영주 윌리엄9세의 재산을 맡아서 관리하는 궁정은행가로 있으면서 빠른 시간에 상당한 이익을 올리게 된다. 그리고 윌리엄9세가 죽은 후, 보관하고 있던 재산의 일부를 횡령하여 이 재산을 기초로 해서 거액의 부를 쌓아올린 것으로 알려져 있다.

그에게는 아들 다섯과 딸 다섯이 있는데, 그 아들들을 프랑크푸르트·빈·런던·파리·나폴리에 배치해서 재산을 분산시켰다. 지금식으로 말하자면, 재산의 위험회피(risk hedge)이다. 덧붙이자면, 이 집안의 문장(紋章)인 '다섯 개의 화살'은 다섯 아들의 단단한 결속을 나타내는 것이다.

그리고 런던에 배치된 아들이 셋째 네이선 마이어 로스차일드(로스차일드2세, 1777~1836)이다. 그는 1793년에 직물을 매입하기 위해 영국으로 건너갔으며, 이어 19세기 초 런던의 금융가 시티에서 N. M. 로스차일드은행을 창업했다.

다섯 지역의 로스차일드 일족 가운데, 프랑스혁명 이후 유럽을 휩쓴 격동과 마주쳐서 온갖 지혜와 능력을 다 동원하여 지금까지 살아

남아 있는 것은 런던과 파리의 분가뿐이다.

영국 로스차일드 가는 유럽대륙 영국군대로의 군자금 수송이나 영국 정부의 프로이센에 대한 원조금 입체 등으로 명성을 날렸다. 워털루전쟁(1815)에서는 영국을 중심으로 결성된 반(反)나폴레옹 동맹에 군자금을 제공하기도 했다. 요컨대 나폴레옹전쟁에서 큰 도박을 했던 것이다. 이후 세계 각지에서 일어난 전쟁에는 어김없다고 말해도 좋을 만큼 로스차일드 재벌의 그림자가 어른거렸다.

프랑크푸르트, 빈, 런던, 나폴리, 파리 등 5개 도시를 연결하는 국제 협조 체제를 이용해서 나폴레옹전쟁 후 여러 국가들의 공채를 사들이고 금융시장 조작 등을 통해서 유럽 열강의 반동적 수구세력을 위해 활동하면서, 세계 최대의 금융업자로 성장했다.

나아가 로스차일드 일족은 보험업이나 철도사업에도 진출한다. 영국 로스차일드를 이끄는 네이선 메이어 로스차일드는 해상보험에도 발을 내디디며 기존의 해상보험회사 로이스사에 대항했다. 또 영국에서 철도사업이 성공한 기세를 몰아 프랑스와 오스트리아의 최초의 철도건설에도 손을 댔다.

1836년에 네이선이 죽은데다 1848년의 혁명으로 로스차일드 가문은 커다란 타격을 입었다. 때마침 프랑스의 동산은행(動産銀行, credit mobilier)을 비롯하여 각국에서 주식회사 조직의 은행이 속속 생겨났던 것도 있어서, 로스차일드 가의 금융활동은 방어전을 펼칠 수밖에 없게 된다.

그럼에도 불구하고 로스차일드 가는 크림전쟁이나 미국의 남북전쟁 때 뒤에서 군자금을 지원해 주고 국제금융시장의 대부로 계속 활약하였는가 하면, 1875년 영국 정부가 세계전략의 일환으로 수에즈 운하를 사들일 때도 융자를 해준다. 이러한 실적을 바탕으로 해서

'유럽 금융시장의 지배자'라는 부동의 지위를 쌓아올리고 유태 금융 자본의 정점에 서게 된다.

석유와 관련해서는, 1883년에 러시아 바쿠유전의 석유판매를 시작으로 해서 엄청난 수익을 올리는 발판을 마련한다. 이것이 셸석유의 전신(前身)이다.

이 사이 나폴리와 프랑크푸르트 두 지역의 로스차일드 가는 1860년과 1903년에 각각 활동을 정지한다. 빈의 로스차일드 가 역시 제2차 세계대전 때 독일 나치로부터 가혹한 박해를 받아 붕괴되었다.

이와 같은 파란만장한 역사를 뚫고 나와서 지금도 활약하고 있는 것이 런던과 파리 두 군데의 로스차일드 가이다. 이들 각각은 지금도 여전히 영국과 프랑스의 금융계를 좌지우지하며 있으며, 특히 런던의 로스차일드 가는 국제금시장을 움직이고 있다.

로스차일드 재벌은 전세계에 정보네트워크를 형성해 놓았을 뿐 아니라 풍부한 자본으로 국경을 뛰어넘어서 명실공히 경계가 없이 (borderless) 이동할 수 있는 실력을 갖춘 초국가적인 존재로까지 성장했다. 유럽통합이 실현되어 나가는 과정에서, 로스차일드 재벌은 오늘날의 경제 세계화(globalization)를 앞장서서 주도했다고 할 수 있을 것이다. 대영제국의 식민지가 잇따라 독립하면서 영국이 쇠퇴일로를 걷고 급기야 '늙은 대국'이라고 불리게 되었던 것과는 대조적이다.

하지만 로스차일드 재벌은 역사적으로 유태인에 대해 강한 혐오감을 가지고 있는 유럽의 기독교사회로부터 뿌리깊은 반감과 증오심을 샀다. 이런 악감정은 유태인들에게도 반사되어 대부분의 유태인들이 아직도 불안과 공포심을 완전히 씻어내지 못하는 듯하다. 어마어마한 부를 쌓아올린 로스차일드 가의 일족에게도 이 점은 예외가 아니다.

〈표 2〉 로스차일드 재벌계열의 주요한 유명기업

석유	로열 더치 셸
은행	로스차일드은행: 런던지점(금가격 결정), 파리지점, 취리히지점 모카타 골드슈미츠 은행(영국), 크레디 스위스(스위스), J. P. 모건
증권	골드만 삭스
보험	로이스보험(영국)
귀금속·다이야	오펜하이머(남아프리카공화국)
마약	삭슨(인도), 자딘(홍콩), 기네스(영국)
담배	필립 모리스
전기	필립스(네덜란드)
홍차	블룩본드(영국)
식품	네슬레(스위스)
약품	치바 가이기(스위스)
관광	지중해클럽(프랑스)
군수	닷소(프랑스)
매스컴	뉴욕 타임스, 워싱턴 포스트, 월 스트리트 저널, 로이터/전UPI/ ABC-TV, CBS-TV/뉴스위크

　로스차일드 재벌계열의 주요 대기업은 〈표 2〉에 정리한 대로이다.
　로스차일드 재벌이 옛날부터 마약을 다루는 기업을 거느리고 있었던 데서, 이른바 식민지주의·제국주의의 본가다운 면모가 잘 드러난다. 삭슨(스위스), 자딘(홍콩), 기네스(영국)는 마약업자의 대표적인 기업이다. 이 기업들 모두가 지금까지 건재해 있다.
　앞의 〈표 1〉〈표 2〉에서 볼 수 있듯이, 양대 재벌은 온갖 사업에다 손대고 있다. 이만큼 많은 수의 기업을 움직여서 세계전략을 펼쳐나간다면, 필연적으로 세계경제를 좌지우지하고 정치에 대해서도 강력한 영향력을 행사하는 것은 자명한 이치다. 정치를 아주 간단하게 자신들의 의지대로 조종하는 것쯤은 식은 죽 먹기다. 그리고 정치를 움직이면 군사력 역시, 마치 자신들이 주인인 것처럼 부리는 것도 어렵지 않다.

아버지 조지 부시는 '2대재벌의 황태자'

부시 대통령의 아버지 조지 부시는 록펠러 재벌과 모건 재벌이 지배하고 있는 석유메이저와 탄탄한 유대관계를 맺어왔다. 그가 국장으로 있었던 CIA 역시 록펠러 재벌과 오래 전부터 검은 관계를 맺어온 역사가 있다.

한편으로, 로스차일드 재벌에도 확고한 인맥을 가지고 있었다.

게다가 부시 가문은 원래 영국 엘리자베스 여왕과 인척관계이다. 그리고 여왕을 재정적으로 뒷받침해 주고 있는 것이 로스차일드 재벌이다.

이러한 인맥을 배경으로 한 조지 부시는 그야말로 '재벌의 황태자'라고 불렸다.

록펠러와 로스차일드 양 재벌은 '그림자 정부'를 은밀하게 구성하고 있는 것으로 알려져 있으며, 결코 무시할 수 없는 힘을 가지고 있다. 그 핵심이 '빌더바그 그룹'이며 그 하부기관으로 '미국외교협의회'(CFR), '유태인명예훼손방지연맹'(ADL), '미·일·유럽 3각위원회'(TC), '영국왕립국제문제연구소'(RIAA, 미국외교협의회의 자매기관) 등이 있는데, 이 모든 조직이 활발하게 활동을 전개하고 있다. 도쿄에도 그 거점이 있다.

'빌더바그 그룹'은 세계 각국의 상부지도층에 자리잡고서 커다란 영향력을 행사하고 있다. 그 이름은 네덜란드의 오스텔베크에 있는 빌더바그 호텔에서 따온 것이다. 이른바 유럽의 지배층인 유럽귀족들을 비롯해서 유럽 정·재계의 거물들 약 100명이 네덜란드 왕실의 베른하르트 왕의 초청을 받아 이 호텔에 모였던 데서 유래한다.

1921년에 미국외교협의회가 뉴욕에 설립되었다. 이 협의회는 빌더바그 그룹의 미국지부와 같은 존재이다. 설립에는 록펠러 가문이 배후에서 깊이 관여했으며, 록펠러를 비롯해서 J. P. 모건, 폴 워바그, 야콥 시프 등과 같은 기업이 자금을 제공하고 있다.

이 그룹의 회원으로는 조지 부시 전 대통령과 클린턴 전 대통령, 섬머스 전 재무장관, 그린스펀 연방준비제도이사회 의장을 비롯해서 정·재계의 최고책임자, 금융기관의 수뇌부들 약 300명이 이름을 올려놓고 있으며, 국무부를 중심으로 정부의 요직을 장악하고서 세계 각국의 중추에까지 영향력을 미치고 있다. 덧붙여서 일본에서는 미야자와 기치(宮澤喜一) 전 수상 등이 밀접한 관계를 맺고서 이들의 조종을 받고 있는 것 같다.

또 미·일·유럽 3각위원회(재단)를 설립한 지미 카터 전 대통령이나 그의 안보담당 특별보좌관이었던 즈비그뉴 브레진스키, 데이비드 록펠러 등은 미국 정권을 배후에서 움직이는 존재들이기도 하다. 조지 부시 전 대통령은 여기에서도 위원회의 유력한 멤버이다.

이처럼 록펠러, 로스차일드 양대 재벌은 미국의 막대한 군사력과 일본의 풍부한 자금력을 배경으로 해서 세계에 '새로운 질서'를 구축하고자 한다. 그를 위해서 명확한 세계전략계획을 수립하고 그에 기초해서 사업을 전개하고 있다.

유럽세계에서 엄연한 영향력을 가진 로마교황 역시 이 움직임에 협력하고 있으며, 전세계 교회조직을 이용해서 정보수집을 하고 자신을 따르지 않는 세계 각지의 독자 종교들을 배격하는 데 힘쓰고 있는 것으로도 알려져 있다.

양대 재벌 쪽에서 볼 때는, 전세계가 사업의 전쟁터이며 이익을 위해서는 세계 각지에서 전쟁을 일으키는 것까지 획책하지 않으면 안되는 것이다.

월가 국제금융 마피아에 좌지우지된 클린턴 정권

조지 부시 정권에 이어서 1993년에 클린턴 정권이 탄생했다.

클린턴 정권의 경제기반은 '정치권력+월가+헤지펀드'라는 이른바 '월가 복합체(complex)'로 일컬어지는 권력구조였다.

이 정권에는 루빈 재무장관(로스차일드 재벌계열의 골드만 삭스의 전 회장), 섬머스 재무장관(전 세계은행 임원) 등이 입각했다.

섬머스 재무장관이 몸담았던 세계은행은 국제통화기금(IMF)과 함께 국제금융자본의 아성으로 알려져 있다. 그는 노벨경제학상 수상자의 작은아버지들을 둔 화려한 가문 출신이다. 작은아버지 중 한 사람은 유명한 하버드 대학 교수로서, 오늘날 경제학 교과서의 고전으로 알려져 있는 『경제학』(*Economics*)의 저자이며, 또 한 사람은 수리경제학자인 케네스 아로 교수이다.

각외(閣外) 독립기관인 연방준비제도이사회의 의장에는 월가의 저명한 경영컨설턴트 그린스펀이 취임하여 국제금융자본을 배경으로 해서 금융세계화를 추진해 나갔다.

이들 세 사람은 마치 세계의 돈(money)을 지배하는 '머니교'처럼 '사제'의 권력을 움켜쥐고서 그 권력을 휘둘렀다.

이러한 최전선에서는 국제적 투기가로 알려진 조지 소로스가 활약한다. 소로스는 헤지펀드의 하나인 '퀀텀 펀드'를 거점으로 해서 유럽의 부유한 계층으로부터 대량의 자금을 그러모아 전지구적 규모로 자금운용을 촉진시켰다.

루빈, 섬머스, 그린스펀, 조지 소로스 그리고 여기에다 여성각료인 올브라이트 국무장관 등 모두가 유태인이었듯이, 확실히 클린턴 정권은 유태인정권이라는 인상을 풍겼다.

이와 같은 권력구조 속에서 클린턴 정권은 엄청난 재정적자와 무역적자를 타개하는 데 온힘을 기울였다. 이를 위해서 클린턴 정권은 '정보와 금융 파워'를 최강의 무기로 삼아 미국의 패권(Pax Americana)을 재구축하는 것을 지향해 나갔다. 그리고 이것은 미국 지배계층(establishment)의 숙원이기도 했다.

국제금융시장을 무대로 해서 그 첨병역할을 한 것이 헤지펀드이다. 클린턴 정권과 월가와 헤지펀드는 극비정보를 독점적으로 공유하였으며, 자유시장원리에 기초한 국제적 표준(global standard)이라는 대의명분을 설정해서 이를 기치로 내세워 다른 국가나 민족들에게 '세계화'를 강제하였고 시장환경을 미국화해 나가게 했다. 그리고 자금이 국경을 초월해서 돌아다니게 했다.

이 결과 금융·증권 시장은 사상 유례 없는 활황을 구가했으며 정보통신(IT)혁명과 금융혁명이 동시 진행되고 '신경제(new economy) 현상'의 힘에 의해서 미국경제는 단숨에 회복되었다.

클린턴 정권의 정책을 모조리 뒤집는 부시 대통령

미국의 경우는, 공화당과 민주당 양대 정당이 대통령선거의 세례를 받아 정권교체가 이루어지면 그때마다 행정기관의 관료들도 완전히 교체되는 시스템이다.

정권이 교체되어도 관료가 그대로 유임하여 행정의 계속성을 유지하는 일본의 정치·행정 제도와는 다르다. 이 때문에 미국은 정책이나 행정이 지속되지 못하고 일관성을 가지지 않는 경우가 있다.

국제금융자본을 배경으로 한 클린턴 정권에서, 석유자본과 군수자본의 지원을 받는 부시 정권으로 교체됨에 따라, 정권이 추구하는 권익과 이익의 우선순위가 석유와 군수로 이동했다.

그렇지만 여기에서도 변하지 않는 것이 있었는데, 다름아니라 미국 정권과 록펠러 재벌 및 로스차일드 재벌 양대 재벌의 기본적인 관계이다.

부시 정권은 '정치권력+석유·군수 마피아 정권'이라는 색채가 농후한 탓에 아무래도 그 지지 단체나 업계의 의향을 정책에 반영할 수밖에 없다.

양대 재벌과의 관계에서 물론 강약의 정도차이는 있지만, 강한 의지와 요청이 있으면 미국 정권은 그것을 받아들여서 권익과 이익을 추구하는 이른바 '대리인' 역할을 할 뿐 아니라 이를 위해서는 군사력 행사도 사양치 않는다. 즉 본질적으로 미국의 정권은 양대 재벌의 주구(走狗) 역할을 하고 있다고 해도 과언이 아니다.

석유산업이나 군수산업 같은 '구 경제'(old economy)를 지지기반으로 해서 수립된 부시 정권이 세계 각지의 석유·천연가스를 둘러싼 권익(이익)에 예민한 후각을 작동시키면서 군사행동도 불사하는 강경한 정책을 전개하는 것 또한 당연한 귀결이라고 보아야 할 것이다.

클린턴 정권이 매듭지어 놓은 환경보전을 위한 '교토의정서'를 부시 정권이 부정하고 그 조인 및 서명을 거부했던 것은, 이러한 배경이 있기 때문이다.

〈표 3〉 부시 정권의 특징 및 클린턴 정권과의 차이점

	부시 정권	클린턴 정권
역대	제43대 대통령	제42대 대통령
재임기간	2001. 1~	1993~2001 (2회 8년)
대통령	조지 W. 부시	빌 클린턴
생년월일	1946. 7. 6	1946. 8. 19
가족	아버지: 조지 하버드 워커 부시(제41대 대통령, 전 부통령, 전 CIA국장) 어머니: 바바라 부시(주부) 부인: 로라 부시(주부) * 부시 대통령은 4형제의 장남임 * 부시 가문은 영국 엘리자베스 여왕과 인척관계임	아버지: 윌리엄 제퍼슨 브라이스II(빌 클린턴이 태어나기 3개월 전에 교통사고로 사망) 어머니: 버지니아 컨디 브라이스(간호사) * 조부모를 비롯한 애정이 많은 친척들 품에서 자람 아버지가 다른 동생: 로저 클린턴 주니어 부인: 힐러리 클린턴(상원의원, 변호사) 맏딸: 첼시 빅토리아
학력	예일대학 역사학부 졸업, 하버드대학 경영학 석사학위 취득	조지타운대학 졸업, 로즈장학금으로 영국 옥스퍼드대학에 유학, 예일대학 법률대학원
전직	텍사스 주지사	아칸소 주지사
전 직업	석유회사 경영자	변호사
주요 각료	체니 부통령(석유회사 경영), 파월 국무장관(전 통합참모본부 의장, 전 벡텔사 임원), 럼즈펠드 국방장관(전 국방장관, 전 알린 제약회사 임원), 에번스 상무장관(석유회사 경영) * 각외 기관: 그린스펀 연방준비제도이사회 의장(월가에서 경영컨설턴트, 유태인) * 특징: 석유·군수 마피아 정권	루빈 재무장관(로스차일드 재벌계열 증권회사 골드먼삭스의 전 회장, 유태인), 섬머스 재무장관(하버드대학 교수, 세계은행 임원, 유태인), 올브라이트 국무장관(유태인) * 각외 기관: 그린스펀 연방준비제도이사회 의장(월가에서 경영컨설턴트, 유태인) * 특징: 월가·금융 마피아 정권
소속정당	공화당	민주당
정책의 특징	석유·천연가스 등 자원정책, 군수산업정책에 역점. 국가미사일방위(NMD), 세금감축에 의한 경기부양	쌍둥이 적자(재정·무역 적자)의 해소, 경기회복, IT혁명과 금융혁명, 금융·증권 정책, 인권·환경 외교에 역점
씽크탱크	스탠퍼드대학 후버연구소, 헤리티지재단, 케인트연구소, 록포드연구소, 리즌재단, CSIS(조지타운대학 전략국제문제연구소), 타풋대학 퓰리처연구소, 랜드연구소	브루킹연구소, 허드슨연구소, 프린스턴대학 윌슨연구소, 카네기국제평화재단, CFR(외교협의회), TC(삼각위원회), WJC(세계유태인회의)
인맥 네트워크	아버지의 연고인 록펠러재벌, 전 CIA요원, 석유업자, 텍사스 마피아	국제금융자본계, 헤지펀드계, 정보산업계, 원자력발전계
자금조직	록펠러재벌, 로스차일드재벌, 석유업계, 군수산업계(6천 개사)	록펠러재단, 포드재단, 뉴욕재벌, 금융·증권 업계
주요 지지층	WASP(백인-앵글로색슨-프로테스탄트), 공화·민주양당의 보수파·중도파, 무당파층, 히스패닉계·아프리카계 미국인	저소득자층, 사회적 약자인 노동자·주부, 유태인, 무당파의 남성·여성, 히스패닉계·아프리카계 미국인
유권자에 대한 호소력	아버지가 유럽 엘리트주의자였던 데 반해 '보통의 서민'의 모습을 취함	'잊혀진 중산계급의 구제'를 기치로 내세움. 흑인들의 '기다리지 않는 약자연합'에서 탈출한 새로운 다수파 형성, '국민제일'이 모토

물론 부시 대통령은 그 대가로 석유업계를 비롯한 에너지업계로부터 거액의 정치자금을 받을 수 있다. 전쟁이 일어나면, 무기 조달업체로부터도 정치자금이 들어오는 것은 앞에서 설명한 대로이다.

　　아버지가 이룩해 놓은 석유업계나 군수산업계를 비롯한 폭넓은 '인맥네트워크'를 계속 이어받아 그 은혜를 입고 있는 이가 바로 부시 대통령이다.

5. 중앙아시아를 둘러싼 치열한 분쟁

가공할 만한 내용의 「아미티지 보고서」

부시 대통령은 2000년 가을에 실시된 대통령선거 막바지에 참모들에게 정권을 인수했을 때 실행할 정책참고로서, 몇 가지 보고서를 발표하게 한다.

그중 하나가 국무부 부장관에 취임한 리처드 아미티지를 중심으로 해서 미국과 일본의 파트너십에 관해 연구를 하던 초당파 연구집단이 내놓은 이른바 「아미티지 보고서」(2000. 10. 11)이다.

이 보고서의 머리말에서는 보고서 발간 목적을 이렇게 설명하고 있다.

우리가 중요하다고 생각하는 미·일과 아시아의 관계에 수미일관성과 장기적이고 계획적인 방향성을 주입하는 데 전력을 기울이자는 것이다.

일본과의 동맹관계를 어떻게 구축해 나갈 것인가라는 과제에 대해서, 전문가들이 장기적인 전망에 입각하여 건설적인 정책을 수립한다는 의욕이 곳곳에서 엿보이는 보고서이다. 미·일관계를 견고하게 하고 세계 제2위의 경제대국인 일본의 협력을 얻어 군사자금을 확보하면서 외교·군사 정책을 전개해 나간다는 의도 또한 배어나고 있다.

이 보고서를 한번 훑어보면 특히 눈에 들어오는 대목이 다음 문장이다.

유럽에서는 적어도 향후 20~30년 동안은 큰 전쟁을 생각할 수 없다. 그러나 아시아에서는 분쟁의 전망이 요원한 것은 아니다. 이 지역은 다음과 같은 특색을 지니고 있다. 세계 최대인 동시에 최신의 장비 몇 가지가 존재하는 점, 핵무장을 한 몇몇 대국 및 그럴 능력을 갖춘 국가들이 존재한다는 점이다. 미국을 대규모 분쟁에 휘말리게 하는 적대관계는 한반도와 대만해협에서 언제든지 발생할 수 있다. 인도·아시아 대륙 또한 주요한 발화점이며, 그 어느 쪽이든 다 핵전쟁으로 비화할 가능성을 내재하고 있다. 아시아에서 네번째로 큰 나라인 인도네시아에서 혼란이 끊이지 않는 점 역시 동남아시아의 안정을 위협하고 있다. 미국은 이 지역 국가들과는 양국간 안보라는 일련의 유대관계로 결합되어 있으며, 이것이 이 지역의 사실상 안전구조이다. 앞으로 매우 유망하지만, 위험을 내재하고 있는 이 지역에서 미국의 양국간 관계는 지금보다 훨씬 더 중요해질 것이다.

요컨대 유럽에서는 당분간 전쟁이 일어날 기미가 없지만, 아시아에서는 그 가능성이 있으며 전쟁터까지 명확하게 지적하고 있다. 그 가운데 "인도·아시아 대륙 또한 주요한 발화점이며, 그 어느 쪽이든 다 핵전쟁으로 비화될 가능성을 내재하고 있다"는 서술은 정곡을 찔렀다는 느낌이 든다.

뉴욕과 펜타곤에 대한 동시다발테러를 계기로 해서 시작된 아프가니스탄 공습 시나리오의 복선이었다고 여겨지기 때문이다.

인도와 파키스탄 사이에서는 카슈미르 지방의 귀속문제를 둘러싸고 싸움이 계속되고 있으며 두 나라 모두 핵실험으로 서로를 위협하는 등 그 으르렁거림은 더욱더 고조되어 나가고 있었다. 이 흐름이 최악의 사태에 이르면, 핵전쟁의 위험을 충분히 예측한다 해도 전혀 이상할 게 없었다.

그렇지만 이것만은 아니다. 이 보고서가 '인도·파키스탄'이 아니라 '인도·아시아 대륙'이라고 쓰고 있는 점은 의미심장하다. 파키스탄에 인접한 아프가니스탄과, 그 북부로 맞닿아 있는 중앙아시아까지 시야에 넣어서 전쟁을 의식했다면, 가히 가공할 만한 보고서라고 하지 않을 수 없다.

아프가니스탄에는 무엇이 있는가?

그러면 부시 대통령은 왜 아프가니스탄을 전쟁의 표적으로 삼았던 것일까? 아프가니스탄에 가면 무엇을 얻을 수 있는 것일까?

그것은 다름아니라 천연가스 파이프라인 건설의 권익과 아편(마약) 이권이다.

아프가니스탄에는, 중앙아시아의 카스피해에 면한 국가인 투르크메니스탄에서 채굴되는 천연가스를 아라비아해나 인도양까지 송출하는 파이프라인을 건설한다는 구상이 있다.

이 나라를 제압할 수 있으면, 파이프라인 건설 이권의 장악에서부터 나아가 중앙아시아의 카스피해에 면한 국가들의 석유·천연가스 자원이 가져다주는 이권에까지 손을 뻗칠 수 있는 것이다.

그리고 특히 아프가니스탄의 남부지역은 아편을 만드는 양귀비 재배지로서는 세계 최대 규모의 생산지로 알려져 있으며, 칸다하르 주변에는 양귀비밭이 엄청나게 넓은 지역으로 퍼져 있다.

이 나라를 지배해 온 탈레반 정권은 팔로파마이소스 산맥 서쪽의 헤라트에 모델농장을 설립해 놓고 그곳에서 농민들에게 헤로인 재배 방법을 가르쳤다. 1999년의 아편생산량이 이미 4600톤에 이르렀다고 한다. 세계 총생산의 96%가 탈레반 지배지역에서 나오고 있는 셈이다. 명실공히 세계 최대의 아편 생산자가 바로 탈레반이었다.

그 탈레반은 아편업자와 유통업자들에게 20%의 세금을 징수하여 이를 전쟁자금으로 운용해 왔다. 탈레반의 라이벌인 북부동맹 역시 우즈베키스탄과 타지키스탄에 수출되는 아편에 같은 식의 세금을 부과해 왔다고 한다.

아프가니스탄에서 생산된 아편은 1980년대에는 파키스탄을 통해서 유럽으로 수출되었으며, 현재는 이란, 페르시아만 국가들 그리고 중앙아시아 경유 등 여러 개의 루트가 개척되어 있다고 한다. 오사마 빈 라덴은 은행구좌의 대부분이 동결된 후, 아편에서 벌어들인 자금만으로 군사작전을 전개했던 것 같다.

탈레반이 생산해 온 아편에 가장 큰 흥미와 탐욕적인 욕망을 불태운 나라는 영국인 것으로 알려져 있다. 아무튼 영국은 중국 청조 말의 아편전쟁을 구실로 해서 중국에 대한 최초의 침략전쟁을 했던 나라이다. 미얀마(구 버마)의 산악지대에서 카렌족이 재배하고 있는 아편밭을 겨냥하여 아편획득에 흠뻑 빠져 있는 것도 영국이며 이번

에는 아프가니스탄의 아편에도 눈독을 들이고 있다. 영국의 식민지
주의와 제국주의는 지금도 여전히 건재해 있는 듯하다.

중앙아시아를 겨냥한 전략

부시 대통령은 21세기 초 들어와서 중앙아시아·카스피해·카프
카스 국가들에 새로운 질서를 수립하여 주도권을 장악하고자 한다.
구체적으로는 소련의 붕괴 후 신흥산유국으로서 주목을 받아온 투
르크메니스탄, 우즈베키스탄, 아제르바이잔, 카자흐스탄 같은 국가들
을 시야에 넣고 있다. 이들 지역은 페르시아만 다음으로 거대한 석유
매장 지역으로서, 2010년에는 북해의 석유생산량을 능가할 것으로
예측되고 있다.
부시 대통령이 중앙아시아·카스피해·카프카스 국가들의 천연
자원 독점을 겨냥한 전략을 결정한 것은, 정권이 탄생하고 얼마 안
되어 한 보고서가 발표된 것이 중요한 계기가 되었다.
미국 국방부 통합참모본부의 의뢰를 받아서 작성된 「중앙아시아
의 전략분석」(Strategic Assessment of Central Eurasia)이라는 제목의
보고서이다.
이 보고서는, 미국이 반드시 중요시해야 할 지역은 중앙아시아라
고 지적하면서 그 이유를 이렇게 쓰고 있다.

중앙아시아는 테러와 마약 등과 같은 위협의 원천인 동시에 풍부한 자
원을 보유한 잠재적인 시장(potential market)으로서 매우 중요하다.

이어 미국 정부를 향해 "자국의 이익뿐 아니라 지금까지 이해가 대립했던 러시아·중국·이란 등도 포함한 국가들과도 상호이익을 가져다주는 관계를 맺어야 한다"고 제안하고 있다. 소련이 붕괴하고 중앙아시아의 각 공화국(CIS, 독립국가연합의 국가들)이 독자노선을 걷기 시작하면서, 앞으로 이들 국가가 유망한 시장이 될 수 있다고 본 것이다. 특히 '풍부한 자원'이라는 말에 주목해야 한다.

이것은 카스피해 연안에서 중앙아시아로 이어지는 지역이 석유와 천연가스 자원의 보고(寶庫)임을 암암리에 강조한 것이다. 즉 보고서는 미국 정부가 앞장서서 이 '석유와 천연가스 자원'을 목표로 설정해야 한다고 제안하고 있는 것이다.

이 보고서가 국방부 통합참모본부의 의뢰를 받아 작성되었다는 사실을 특히 간과해서는 안 된다. 중앙아시아로 진출하기 위해서는 군사행동도 불사한다는 각오도 촉구하고 있다고 사료되기 때문이다.

미국 중심의 새로운 질서의 자원·에너지 전략

부시 대통령이 매장자원의 확보와 구 경제(old economy)의 이익을 위해서 강력한 군사력을 동원한 무력행사도 마다하지 않고, 석유·천연가스 자원과 관련된 권익(이권)을 획득하기 위해서 닥치는 대로 저돌적으로 돌진하는 그 모습에서는 에너지 소비대국의 숙명을 느끼지 않을 수 없다.

세계 대부분의 지역에는 막대한 양의 천연가스가 아직 손길 한 번 닿지 않고 잠자고 있으며 보고(寶庫)라 부를 만한 지역이 몇 군데 있는 것으로 알려져 있다. 이러한 지역 가운데는 여러 국가나 민족,

석유회사들이 서로 뒤엉켜서 국제분쟁을 펼치고 있는 곳도 적지 않다. 그리고 그와 같은 경우에 어김없다고 해도 무방할 정도로 모습을 드러내는 나라가 바로 미국이다.

따라서 중동 다음으로 매장량을 자랑하는 중앙아시아 · 카스피해 · 카프카스 국가들의 지역에 미국이 눈독을 들이는 것도 당연하다.

부시 대통령은 취임 이후 이들 지역의 천연자원을 독점하는 동시에 중동에서부터 이들 지역에 걸친 광대한 토지에 새로운 질서를 수립하려고 획책하고 있다.

만약 '미국의 독점적 에너지지배'라는 새로운 질서가 확립되면, 다음과 같은 이점을 얻게 된다.

① 미국 내의 석유자원 고갈의 위기감으로부터 당분간 해방될 수 있다.

② 사우디아라비아 등의 석유수출기구(OPEC)가 장악해 온 석유의 '가격지배력'을 약화시킬 수 있으며, 이와 대조적으로 미국의 영향력을 강화시킬 수 있다.

③ 구 소련의 중앙아시아 · 카스피해 · 카프카스 국가들에 진출함으로써 러시아 · 이란 · 중국의 정치적 움직임을 저지할 수 있으며 나아가 미국 주도의 에너지자원 전략을 전개할 수 있다.

②와 관련하여 좀더 부연설명을 하면, OPEC(석유수출기구)은 석유수출국들의 생산 · 가격 카르텔로 석유메이저의 일방적인 가격인하에 따른 수입감소를 방지하기 위해 1960년에 이란 · 이라크 · 사우디아라비아 · 쿠웨이트 · 베네수엘라 5개국이 설립한 조직이다. 그후 카타르 · 인도네시아 · 리비아 · 아랍에미리트 · 알제리 · 나이지리

아가 가맹하여 현재 11개 가맹국이 있다.

1970년대에 73년과 79년 두 차례의 석유위기를 거치면서 석유가격을 대폭 인상하고 석유메이저로부터 원유의 생산·가격 결정권을 탈환했지만, 80년대 후반에 석유수요가 감소하고 또 비OPEC국가들이 진출하면서 생산 셰어가 저하한다. 이 때문에 86년에 증산과 저가판매로 기울어져서 원유가격이 1배럴당 10달러 이하로까지 폭락했다.

그러나 99년 11월에 OPEC가 '협조감산(減産)'에 돌입함으로써, 30달러가 넘는 폭등을 기록. 현재는 석유의 국제시장화 등으로 석유위기 당시만큼의 혼란은 이미 사라졌다.

그럼에도 석유메이저는 OPEC가 장악하고 있는 석유의 '가격지배력'을 약화시키기를 염원하였고, 메이저를 지지기반으로 하는 부시 대통령 역시 이 염원의 달성을 목표로 하고 있는 것이다. 중앙아시아·카스피해·카프카스 국가들에 새로운 질서를 확립하는 것은 이 염원달성의 기회를 잡는 것이 된다.

게다가 구 소련의 군사력으로부터 해방된 이들 지역에 진출함으로써, 러시아나 이란·중국을 강하게 견제할 수 있다. 이 절호의 지역을 미국과 부시 대통령이 놓칠 리 만무하다.

그리고 이들 지역 바로 가까이에 아프가니스탄이 위치해 있다는 사실을 잊어서는 안 된다.

이하에서 잠깐 아프가니스탄과 그 주변국가들의 지리·역사·정치에 관한 이야기가 이어지는데, 왜 부시 대통령이 동시다발테러를 구실로 해서 전쟁의 불을 붙였는가를 이해하는 데 반드시 필요한 내용이므로 부디 읽기를 바란다.

각광 받는 신흥산유국

그러면 먼저 중앙아시아 · 카스피해 · 카프카스 국가들의 석유 · 천연가스 자원의 상황부터 살펴보기로 하겠다.

이들 지역에서 신흥산유국으로 각광을 받고 있는 나라는 투르크메니스탄, 우즈베키스탄 그리고 아제르바이잔과 카자흐스탄이다.

이 가운데서도 특히 투르크메니스탄과 아제르바이잔, 카자흐스탄에서는 여러 나라들이 치열한 자원쟁탈전을 벌이고 있다.

그중에서도 카스피해에 면해 있는 투르크메니스탄의 석유와 천연가스가 자원쟁탈전의 초점이 되고 있는데, 세계 제2위의 매장량이 확인되고 있는 이 나라의 천연가스를 찾아서 전세계의 주요한 석유회사들이 몰려들고 있다.

중앙아시아 · 카스피해 · 카프카스 국가들의 천연자원 독점을 목표로 해서 전략을 수립한 부시 대통령 역시 제1의 타깃으로 투르크메니스탄을 설정하고 있다.

이 나라는 중앙아시아 국가들 가운데 가장 서쪽에 위치해 있으며 서는 카스피해, 남은 이란과 아프가니스탄, 북은 카자흐스탄, 동은 우즈베키스탄으로 둘러싸여 있다. 면적은 48만 8100km²(일본의 약 1.3배), 인구 410만 명(1995년 추계), 언어는 투르크멘어(터키어계 언어)와 러시아어, 종교는 이슬람교(수니파)이다.

일찍이 실크로드 서역의 중심이었던 투르크메니스탄은 환상의 명마 '아할테케'가 있었던 곳으로 알려져 있다. 이 명마는 기원전부터 알렉산더 대왕이나 한무제에게 헌상되었던 세계 최강의 말로 일컬어지며, 그것을 탄생시킨 기마민족은 투르크메니스탄 최고의 긍지였다.

천연가스는 세계 제4위의 매장량(세계은행 발표)을 자랑하며 이

나라의 중요한 외화획득원이 될 것으로 기대되고 있다. 그렇지만 안타깝게도 기존 광상(鑛床)의 고갈, 우크라이나 등 CIS 국가들의 가스수출대금 지불연체 등의 원인으로 요 몇 년 동안 생산량이 감소하고 있다.

그러나 중앙아시아・카스피해・카프카스 국가들이 아무리 '석유와 천연가스 자원의 보고'라 할지라도 인도양이나 아라비아해, 지중해로부터 멀리 떨어져 있는 이 지역들에서 석유와 천연가스를 운반하는 것은 쉽지 않다. 즉 인접한 국가들로 운반하거나 그 인접국들을 경유해서 운반해야 한다.

풍부한 석유와 천연가스 자원을 노리기 위해서는 석유・천연가스 파이프라인의 건설이권을 획득하는 것이 대전제이며, 그렇지 못할 경우에는 이 목표의 실현이 불가능하다.

이 때문에 투르크메니스탄의 천연가스를 운반하는 가스 파이프라인의 건설이 커다란 이권으로 강하게 부각되었고 쟁탈의 대상이 되어왔다.

우즈베키스탄은 카자흐스탄과 더불어 중앙아시아 국가들의 지도자적 존재였다. 일찍이 실크로드의 교역로로서 번영하였고 타슈켄트, 사마르칸트, 부하라 등 이슬람문명의 유적을 간직한 옛 도시들이 곳곳에 있다.

국토는 서쪽의 평지에서부터 동쪽의 해발 700미터의 페르가노 분지에 이르며, 중・서부는 키질쿰・칼라쿰 사막으로 몇 군데에 오아시스가 있으며, 중앙부에는 아랄해가 있다. 면적은 44만 7400km^{2}로 동부에는 아랍산맥과 톈진산맥의 산록지대가 펼쳐져 있다. 전반적으로 건조하며 동부는 대륙성기후, 중부는 스텝기후, 서부는 사막기후로, 국토의 80%는 키질쿰 사막이다.

이 국토에서 천연가스와 석유 외에 석탄·비철중금속·금이 채취된다. 그렇지만 구 소련 시대에 면화의 단일재배(monoculture) 경제를 강요당해, 소련해체 후의 경제활동은 바닥상태였다. 그런 만큼 천연가스 등의 지하자원에 대한 기대가 팽배해 있다.

카스피해 주변의 석유개발 상황

카스피해 연안의 작은 나라 아제르바이잔도 국제정치의 폭풍의 눈 가운데 하나가 되고 있다. 카스피해에서 생산되는 아제르바이잔의 석유는 러시아·체첸 공화국을 경유하는 파이프라인으로 러시아령의 흑해 연안에 있는 노보로시스크 항으로 운반되어 이곳에서 세계시장으로 출하되고 있다.

이슬람을 근간으로 하고 있는 이 나라는 이웃나라 아르메니아와 서로 천적관계에 있는 탓에, 이곳 역시 결코 평온한 곳은 아니다.

아르메니아는 제정러시아 시대부터 터키계 무슬림 국가들에 둘러싸인 기독교국가이며, 특히 러시아의 비호를 받아왔다. 이 때문에 양국은 언제든 충돌할 수 있는 요소들이 역사적으로 쌓여왔다.

또 아제르바이잔은 같은 이슬람국가이면서도 이란을 이슬람근본주의 국가라 하여 경계하고 있어서 이란도 천적으로 간주하고 있다.

페르시아만에 이어 지하자원의 혜택을 받은 이 지역의 개발에 미국의 석유메이저 3사가 본격적으로 참여했으며, 이와 별도로 아모코 석유회사도 아제르바이잔의 이남유전 개발에 참여했다. 이 4개 기업의 사업규모는 총 80억 달러에 이른다.

메이저 3사는 아제르바이잔 국영석유회사와 기업연합을 구성해 각각 탐사비용을 부담해서 담당한 광구개발에 전력을 기울이고 있다.

일본에서는 이토쓰(伊藤忠) 상사가 참가하였는데, 이토쓰는 최대 규모의 유전인 아젤리, 치그라, 그나실리 광구를 개발하고 아제르바이잔 국제개발회사가 사업을 전개하여 이미 원유생산을 하고 있다.

하지만 카스피해 주변에는 바다와 호수가 많기 때문에 이곳의 석유개발에는 막대한 개발비용이 든다. 그뿐만이 아니다. 공급처까지의 거리가 멀기 때문에 파이프라인의 부설길이가 긴데다 또 이 지역의 정치적 안정이 보장되는가 여부가 개발성공의 열쇠를 쥐고 있다고 볼 수 있다.

카자흐스탄을 노리는 국가들의 석유정책

카자흐스탄은 실크로드 연변인 중앙아시아에 있다. 인구는 1640만 명으로, 사우디아라비아와 거의 비슷한 규모이다. 주요 국민인 카자흐인이 인구의 44%를 차지하며, 이 민족은 몽골민족과 터키민족의 혼혈로서 일본인과 생김새가 비슷한 사람도 많다.

카자흐스탄의 유전은 이 나라의 서쪽 끝, 카스피해의 북쪽 연안지역에 있으며 1960년대에 석유의 존재가 발견되었다. 매장량은 2천억 배럴로 추정되며 세계 최대인 사우디아라비아(약 2500억 배럴)에 이어서 제2위를 자랑하며 제3위인 이란(약 1천억 배럴)의 약 2배나 되는 막대한 양이다.

구 소련 시대의 카자흐스탄은 중요한 정치·경제 정책의 하나에서 열까지가 다 모스크바의 지령에 의해서 결정되는 등 그에 종속되어 있었다. 석유관련 기술 역시 러시아에 의존하지 않을 수 없었다. 때문에 카자흐스탄은 독자적으로 유전을 개발하고 파이프라인을 부설할 정도의 기술력을 가지고 있지 못하다.

더욱이 카자흐스탄이 수출하고 있는 석유의 대부분은 현재 러시아의 파이프라인을 경유해서 운반되고 있기 때문에 러시아에 대한 의존도가 매우 높다.

그래서 카자흐스탄 정부는 석유·천연가스를 팔아서 확보하는 자금으로 경제력을 강화해서 소련으로부터 독립하여 러시아에 대한 의존도를 낮추고자 하는 의지를 강하게 품고 있다.

이런 상황에서 마치 시대의 요청에 부응하듯이, 카자흐스탄에 발김바예프(Balgimbayev) 수상이 등장하여 변화에 대한 기대를 높이고 있다. 발김바예프 수상은 취임 전에 카자흐스탄의 국영석유회사 카자흐 오일의 최고경영자를 지냈다.

또 그는 석유가스산업부 장관 시절에 석유·천연가스 이권의 주요한 부분을 장악했던 것으로 알려져 있으며, 현재 카자흐스탄의 석유산업을 지배하고 있는 가장 유력한 정치가로 꼽히고 있다.

그러나 어찌 되었든 카자흐스탄은 바다에 접해 있지 않기 때문에 어딘가의 항구까지 운반하려면 아무래도 러시아·이란·아프가니스탄·중국 중 한 나라를 통할 수밖에 없다.

그런데다 석유를 운반하기 위해서는 미국이나 유럽 석유회사의 수준 높은 기술력과 노하우가 반드시 필요하기 때문에 미국을 비롯하여 유럽, 일본 등 선진국과도 관계를 맺기 위해 적극적으로 노력하고 있다.

카자흐스탄의 이런 강한 의욕과 요청에 민감하게 반응해서 전세계에서 몰려든 50여 개의 석유회사가 카자흐스탄에 사무소를 차려놓고 전세계 매장량의 약 20%에 해당하는 막대한 석유이권을 둘러싸고 국제쟁탈전을 벌이고 있다.

카스피해 동북부의 카자흐스탄 석유·천연가스를 해양 쪽으로 운반하는 루트는 두 개가 있다. 하나는, 러시아를 통해서 흑해 연안의 항구까지 파이프라인을 증설하여 지중해 방면에서 유조선으로 석유를 운반하는 루트이다.

또 하나는, 이란을 통해서 터키 방면으로 파이프라인을 확장하는 계획이다. 게다가 이 루트에는 아프가니스탄을 경유해서 해양으로 나가는 라인도 있다.

미국은 NATO의 일원이기도 한 터키 및 지원국인 이스라엘과 이른바 '3국연합'을 맺어서 카자흐스탄의 석유·천연가스 자원 확보에 뛰어들고 있다.

그렇지만 이 가운데 어느 쪽의 루트를 겨냥할지라도 미국으로서는 난제가 기다리고 있다. 러시아·이란·중국 세 나라가 장애가 되고 있기 때문이다. 중국은 이 루트들의 경유국가는 아니지만, 러시아·이란 두 나라와 서로 견제하면서도 지금까지의 경위를 볼 때 그 저변에는 강한 유대로 결속되어 있다.

따라서 미국은 이 세 나라와의 관계를 우호적으로 풀어나가면서 동시에 저지하는 정략을 구사하지 않으면 안 된다.

미국은 소련 붕괴 후의 러시아와는 냉전종결이라는 평화무드 속에서 관계를 개선해 왔다. 그러면서도 이해관계가 얽힌 문제가 발생하면 이따금 충돌하기도 했다.

이란과는, 이란혁명을 계기로 해서 발발한 이란·이라크전쟁 이후의 적대관계가 지금도 이어지고 있다. 이 때문에 이 관계를 종결시키지 않으면 안 된다. 프랑스나 독일은 이미 이란에 대한 적대감을 거두어들이는 방향으로 움직이고 있으며, 미국도 하루빨리 이 관계를 끝내야 하는 사정이다. 그리하여 점점 이란과 국교를 회복하는 쪽으로 방향전환을 하기 시작했다.

부시 정권은 중국 인민해방군의 군사 확대노선에 대한 경계를 강화하고 있으며, 특히 대만해협을 둘러싼 분쟁의 불씨가 전쟁으로 발전할 수도 있다는 예측 아래 '아시아의 네 군데 전쟁터'의 하나로 설정해 놓고 있을 정도로, 그 동향을 예의 주시하고 있다.

카자흐스탄의 석유·천연가스 자원 개발에는 이러한 정치적·군사적 문제가 가로놓여 있다.

미국 석유회사를 비롯한 유럽의 석유회사들은 이런 점들을 잘 숙지하고서 이들 국가 각각의 정부에 공작을 하는 등 카자흐스탄의 석유이권을 획득하기 위해 열을 올리고 있다.

그 가운데서도 특히 미국의 석유회사들이 적극적이다. 부시 대통령은 자신의 지지기반이기도 한 석유업계를 위해서, 카자흐스탄에서 활동하는 미국 석유회사들을 국제정치 측면에서 강력하게 지원해 주는 사명과 역할을 맡고 있는 셈이다.

러시아·이란·중국을 능가하려는 '대통령의 음모'

부시 대통령이 신흥산유국으로 각광받고 있는 중앙아시아·카스피해·카프카스 국가들에서 러시아·이란·중국을 능가해 석유·천연가스를 독점하려면, 아무래도 이 세 나라와 관계개선을 도모하지 않으면 안 된다.

이와 동시에 이 세 나라의 움직임을 견제하고 저지한다는, 상호 모순되는 전략을 전개해 나갈 필요가 있다. 이 전략을 성공시키기 위해서는 보다 교묘한 음모를 기도하지 않을 수 없다.

먼저, 러시아와의 관계이다. 미국 쪽에서 볼 때 유리한 점은 러시아가 구 소련 영내에 존재하는 분쟁의 불씨 때문에 고심한다는 약점을 쥐고 있다는 것이다.

그 중요한 불씨의 하나가 체첸 문제이다. 러시아 남부에 위치한 체첸공화국은 러시아로부터 독립을 열망하고 있다. 이에 러시아는 1994년 12월에 군대를 출동시켰고 97년 1월에 완전철수하기까지 8만 명의 사망자를 냈다.

러시아가 체첸에서 손을 떼기 어려운 것은 체첸이 석유지역 가까이에 있기 때문이다. 이 지역이 독립해 버리면, 카스피해 연안의 영토를 상실해 버림으로 해서 석유이권의 확보가 어려워진다.

체첸분쟁으로 이슬람권의 반(反)러시아 분위기가 고조되어 가고 있는바, 카스피해 연안에 있는 다게스탄공화국도 그중 하나이다. 카스피해 연안 러시아령의 70%를 차지하고 있는 다게스탄공화국은 면적이 약 5천km^{2}이고 30여 민족의 200만 명 가량이 살고 있다.

수도 마하치칼라는 카스피해에 면한 항구도시 중에서도 유일하게 1년 내내 사용할 수 있는 부동항인데다 아제르바이잔 쪽에서 오는 파이프라인까지 통과한다. 이처럼 지정학적으로 중요한 지역을 러시아가 놓아줄 리 없다.

이런 점 때문에 다게스탄공화국은 최근 분쟁지대로 부각되고 있으며, 무장세력들은 이슬람교국가로서의 다게스탄공화국 독립과 지하드(성전)를 끊임없이 부르짖고 있다.

이에 대해 신경을 곤두세우고 있던 러시아가 마침내 군사행동에 나섰다. 체첸의 이슬람세력이 동쪽으로 이웃한 다게스탄공화국을 침입했다는 것이 이유였다.

급진파 또는 과격파로 불리는 카프카스의 이슬람세력은 19세기에 러시아에 정복당했을 때 해방투쟁을 전개하고 러시아 침략에 저항했던 시절을 상기시키면서 카프카스 지역 전체를 러시아 지배로부터 해방시켜 이슬람국가를 수립하려고 한다. 체첸도 다게스탄도 이슬람세력 쪽에서 볼 때는 자신들의 영토인 것이다.

이란의 움직임을 저지하는 고도의 전술

이란은 투르크메니스탄→아프가니스탄→파키스탄→인도→인도양으로 나가는 가스 파이프라인의 건설구상의 실현을 저지하고 견제하는 입장을 취해 왔다. 왜냐하면 투르크메니스탄→이란→페르시아만의 가스 파이프라인 건설을 계획하고 있기 때문이다. 말 그대로 아전인수격인 계획을 도모하고 있는 것이다.

클린턴 정권은 한때 정략적인 측면에서 아프가니스탄을 경유하여 파키스탄·인도로 연결되는 루트를 실현시키기 위해 아프가니스탄의 탈레반(수니파) 정권을 지원했다. 이에 반해, 다른 한쪽의 이란은 아프가니스탄의 하잘라인(시아파)을 지원했다.

이 때문에 시아파 국가인 이란으로서는 매우 위험한 존재로 인식되었던 과격한 탈레반의 대두를 경계할 수밖에 없었다.

게다가 미국은 탈레반이 아프가니스탄에서 재배한 양귀비로 만든 아편을 운송마피아를 통해 이란으로 반입하여 사회를 혼란시키고 있다는 사실도 익히 알고 있었던 듯하다. 이렇게 해서 아편을 이용해서 이란경제를 혼란에 빠트린 측면도 있다.

이에 더하여 미국은 탈레반 정권이 이란의 반체제파를 은닉해 주고 있다는 정보도 파악하고 있었듯이, 탈레반 정권을 통해서 이란을 견제해 왔다. 또 1998년에 이란의 외교관이 살해되는 사건이 발생했는데, 그 범인으로 탈레반이 지목되었다.

요컨대 이란에 천적을 붙여 맞부딪치게 하는 '더러운 전쟁'으로 이란을 봉쇄하고자 했다고 보아도 무방할 것이다.

한편 이란은 이에 대한 대항의 일환으로 탈레반의 숙적인 북부동맹을 계속 지원했다.

하지만 지금의 부시 대통령은 아프가니스탄에 친미정권을 수립할 필요성에서 탈레반 정권을 타도하기 위해 군사행동을 취했으며, 이번에는 역으로 이란의 협력을 구해야 할 형편이 되었다. 이 때문에 미국은 이란에 '빚'을 지게 되었고 이 부채를 갚는 의미에서 이란과의 관계를 조정해야 하는 상황에 놓이게 되었다.

지금 이란은 영·미연합군의 공중폭격으로 탈레반 정권이 붕괴하고 북부동맹군이 승리한 데 대해 쾌재를 부르고 있다고 한다. 부시 대통령은 아프간 전쟁에 소극적이나마 협조해 준 이란에게, 석유·천연가스의 이권과 관련하여 이번에는 빚을 갚아야 하는 입장에 놓이게 되었지만, '전화위복'이라는 격언대로 이번 전쟁으로 오히려 이란과의 관계개선의 기회를 잡았다고도 할 수 있다.

이것을 외교적으로 활용한다면 정정당당하게 이란과의 우호적인 관계를 지렛대 삼아 거꾸로 이란의 행동을 구속할 수 있다는 이점도 거두어들일 수 있다. 모순된 외교전술처럼 보일 수 있으나, '적대구조'보다 '친밀구조' 쪽이 상대방의 행동을 제약하기 쉽다는 힘의 관계의 기묘함이 존재하며, 미국은 이것을 이용하고자 할 게 틀림없다. 이것이야말로 이란의 행동을 사실상 저지하기 위한 고도의 전술이라고 할 수 있다.

전도된 '하나의 중국정책'

그런데 3천 년의 역사를 가진 중국은 원래 만만찮은 존재이다.

중앙아시아를 지배해 온 러시아는 소련 붕괴 이후 약체화되어 지난날의 초군사대국의 면모를 찾아보기 힘들어졌다.

중국은 바로 이때가 중앙아시아에 진출하여 영향력을 회복할 절호의 기회라는 정세판단을 하고 적극적인 공세에 나서고 있다. 그리고 카자흐스탄의 석유·천연가스 자원을 격렬하게 잠식해 들어가는 것을 도모하고 있다.

중국은 역사적으로 볼 때 카자흐스탄 등 실크로드 연변에 있는 중앙아시아 국가들이 자국영토의 뒷마당으로, 지정학적으로 유리한 위치에 있다.

이러한 상황 속에서 카자흐스탄 정부와 중국 정부는 양국을 연결시키는 파이프라인을 부설하는 계획을 추진하고 있다. 이 계획에는 일본에 석유를 판매하는 구상도 포함되어 있다고 한다.

카자흐스탄의 유전지대에서 일본까지의 거리는 6천km가 넘는다. 카자흐스탄 정부는 중국 연안까지의 약 5천km 이상을 파이프라인으로 연결하고 중국 연안에서 일본까지는 유조선으로 운반한다는 장대한 구상을 하고 있다.

중국이 카자흐스탄의 석유·천연가스 자원을 격렬하게 잠식해 들어가고자 하는 배경에는, 눈부신 경제성장으로 석유의 수요가 계속 급격하게 증가한다는 국내사정도 있다. 대경유전을 비롯한 국내의 유전들은 생산량이 둔화되고 있는 실정이라고 한다.

게다가 자국의 영토 내인 고비사막에서 발견된 유전의 매장량이 의외로 적다는 것이 밝혀졌기 때문이다. 이 때문에 아무래도 인근 카자흐스탄의 석유자원을 중요시하지 않을 수 없게 된 것이다.

그뿐만이 아니다. 중국으로서는 반드시 카자흐스탄과 친밀해져야 하는 특별한 사정이 있었다.

카자흐스탄과 중국의 국경지대에 있는 신장(新疆) 위구르자치구에서는 위구르인들이 중국으로부터의 분리·독립을 목표로 게릴라투쟁을 거듭하고 있다. 신장은 이름 그대로 '새로운 영토'라는 의미이며 청왕조 시대에 중국으로 편입된 지역이다. 그렇지만 위구르인은 신장자치구뿐 아니라 카자흐스탄 영내에도 넓게 퍼져 살고 있다.

이 게릴라투쟁의 배후에서 카자흐스탄으로부터 신장으로 무기와 자금이 지원되고 있다는 정보가 있어서, 중국 정부는 신경을 곤두세워 왔다. '하나의 중국'을 표방하고 있는 중국 정부로서는 신장위구르자치구의 분리·독립을 인정할 수 없는 것이다. 만약 여기서 새로운 국가의 탄생을 허용해 버리면, 대만을 비롯하여 티베트나 동북부(구 만주) 내 몽골까지 독립을 인정하지 않을 수 없게 되는 위험이 있기 때문이다. 그와 같은 사태에 빠지는 것만은 어떻게든 피하고자 하는 것이 중국의 입장이다.

그래서 중국 정부는 카자흐스탄과 친밀한 관계를 구축하여 게릴라투쟁에 쐐기를 박는다는 고도의 전략을 내놓았다. 즉 중국 정부는 카자흐스탄의 숙원인 석유수출에 협력함으로써 카자흐스탄에서 신장에 이르는 게릴라 루트를 봉쇄하고자 하는 것이다.

이처럼 신흥국가와 대국의 복잡한 속셈이 서로 뒤얽히는 속에서, 중앙아시아·카스피해·카프카스 국가들을 포함하는 이 지역은 여러 가지 문제를 안고서 새로운 길로 발을 내디디려고 하고 있다.

6. 아프가니스탄과 사우디아라비아

문명의 십자로 아프가니스탄

아프가니스탄은 북쪽은 러시아와 접하는 중앙아시아 국가들(투르크메니스탄, 우즈베키스탄, 타지크스탄)과, 서쪽은 이란, 동에서 남은 파키스탄, 북동은 중국의 신장위구르자치구와 카슈미르의 펀자브 지방과 접해 있다. 면적은 65만 2626km², 인구 1555만 명.

카불은 수도이면서 아프가니스탄 주의 주도이며 이 나라 최대 도시이다. 해발 1800m의 고지에 위치해 있는데, 일본 후지산이 3776m이니까 카불은 이 중턱쯤 되는 지점에 있는 셈이다.

북쪽은 중앙아시아의 사마르칸트, 남쪽은 국내의 칸다하르, 동은 파키스탄의 페샤와르로 포장도로가 나 있고, 험하게 치솟은 서쪽의 아스마이와 남쪽의 셰르달와자 두 산지로 갈라져 나가는 삼각형의 협곡에 있다.

아프가니스탄은 마케도니아의 알렉산더 대왕(기원전 356~기원전

323) 시대부터 아시아와 유럽을 이어주는 '문명의 십자로'였다. 몽고 제국의 시조 칭기즈칸(1162~1227)이나 티무르(탈메란)도 이 지방에 침입했으며 불교나 이슬람교는 이곳을 거쳐서 북쪽으로 전파되었다.

이 지역에는 수많은 민족이 이동하고 침입하였는데, 18세기 후반에는 북의 러시아와 동남의 영국 그리고 서의 페르시아가 그 촉수를 아프간 지방으로 뻗친다. 페르시아는 금방 손을 뗐지만, 19세기에는 북쪽의 러시아, 남쪽의 영국과 싸웠다. 제2차 세계대전 후에는 소련·중국·미국 세력이 각축전을 벌인다. 문명의 십자로라는 지정학적인 가치를 지닌 탓에 끊임없이 다른 나라들의 표적이 되었던 것이다.

러시아는 남하정책을 추진함으로써 아프가니스탄의 침략을 기도한다. 영국은 인도에 수립한 식민지 지배권력을 유지할 목적으로 완충지대로 삼기 위해 아프가니스탄을 침략했다. 러시아와 영국은 서로 양보를 하지 않았으며, 결국 아프가니스탄은 양국의 이른바 그레이트 게임(great game)의 무대가 되었다.

영국은 세 차례에 걸쳐 아프가니스탄을 침략했는데 영국인들은 이 전쟁을 아프간 전쟁이라고 부른다.

아프가니스탄은 여러 민족이 살고 있는 나라이다. 숫자가 가장 많은 민족은 파슈툰인(38%)이고, 이어서 타지크인, 우즈베크인, 하잘라인 등의 순이다. 파슈툰인이 가장 많이 살고 있는 곳은 파키스탄과의 국경지역인 아프가니스탄 동남쪽이며, 파키스탄의 서부지역에도 파슈툰인이 많이 살고 있다. 타지크인, 우즈베크인도 이와 마찬가지이다.

이것은 이웃나라가 각 민족의 본거지임을 의미한다. 다만 하잘라인만은 특수하게, 주로 아프가니스탄 중부에 많이 산다. 하잘라인은

시아파이기 때문에 이란과의 관계가 밀접한 것으로 알려져 있다.

두 대국의 틈바구니에 끼여 있다 보니 아프가니스탄은 낡은 왕조적 야심이나 복수심, 민족의식 그리고 강대한 것에 대한 복종, 시키는 대로 따라하는 사대주의적 보신책이 서로 뒤얽힌 복잡한 양상을 보인다. 세 차례의 아프간전쟁은 다음과 같이 전개되었다.

제1차 아프간 전쟁(1838~42) 영국군은 아프가니스탄인들의 격렬한 저항에 부딪혀 참패를 거듭했지만, 이 전쟁을 계기로 인도 북서부 전역을 병합하는 데 성공.

제2차 아프간 전쟁(1878~80) 영국은 아프가니스탄을 마침내 보호국으로 삼는다. 아프가니스탄은 두 강대국 사이에서 농락당하면서, 러시아의 영향이 강해지면 영국으로 기울고 영국의 힘이 증대되면 러시아와 손을 잡았다.

제3차 아프간 전쟁(1919) 제1차 세계대전 직후 영국은 또다시 아프가니스탄을 침략. 그렇지만 영국은 제1차 세계대전으로 피폐해져 힘이 쇠락해 있었기 때문에 아프가니스탄을 점령하지 못했으며, 아프가니스탄은 러시아와 영국 두 나라에 농락당하면서도 마침내 독립에 이른다. 그러나 양 대국의 영향은 사라지지 않았다.

아프간을 침공한 소련의 목적

그후 아프가니스탄의 상황은 제2차 세계대전이 끝난 뒤에 영국이 인도에서 철수하면서 크게 달라진다.

입헌군주제 국가인 아프가니스탄은 러시아와 이탈리아의 간섭을 받아 비록 독립은 형식적인 것에 지나지 않았지만 현명한 국왕 아래서 근대화를 추진했으며, 이에 러시아(소련)와 미국, 영국이 아프가니스탄 근대화를 지원하는 작전을 전개해 나갔다. 이 왕조는 1973년까지 이어졌다.

그런데 군주제 아프가니스탄의 자히르 샤 국왕이 눈병치료를 위해 이탈리아에 가 있는 동안 국왕의 사위인 다우드 장군(전 아프간 수상)이 73년 7월 17일 돌연 쿠데타를 일으켜 공화제로 이행되었다. 이 쿠데타에 깊이 개입한 세력이 아프가니스탄공산당이었다.

새 정부의 각료 14명 가운데 7명이 아프가니스탄공산당원이었으며 약 160명의 공산당원이 행정관으로 지방에 파견되었다. 소련은 서서히 공산주의 세력을 아프간 지역에 침투시키고 있었던 것이다.

다우드 새 대통령은 체제를 확고히 하기 위해 이슬람협회를 포함해서 모든 정치집단을 불법화했다. 이에 이슬람협회의 주요 회원들은 74년에 탄압을 감지하고 이웃 파키스탄의 페샤와르로 도망갔다.

그 이후 아프가니스탄은 소련의 영향을 직접적으로 받았던 반면, 페샤와르에는 반정부게릴라가 여러 개 조직되었으며 반정부게릴라들이 아프가니스탄에 개입한 소련을 몰아내기 위한 저항운동을 펼쳐 나갔다. 이렇게 해서 반소 · 반공 저항운동으로 국내치안은 악화되었다.

아프가니스탄에서는 공산당을 중심으로 해서 유혈의 내부항쟁이 일어났는데, 그 결과 아프가니스탄공산당(1965년에 창당)은 혁명노선의 차이로 하르크(인민)파와 파르참(깃발)파로 양분되었다.

1978년 4월 다우드 대통령은 사우디아라비아로 날아가 사우디아라비아 황태자와의 협상에서 경제원조를 요청하고 손을 잡으려고 하던 중 하르크파의 쿠데타로 암살을 당한다.

소련은 이것이 마치 아프가니스탄 군대의 소행인 것처럼 위장해서 소련군이 직접 개입하는 구실로 삼았고 군사행동을 감행했다. 게다가 소련인 파일럿에게 다우드 대통령의 살해를 지령하고는 하르크파의 리더로 형무소에 있던 인민민주당 지도자 타라키를 새 대통령으로 앉힌 것으로 알려져 있다. 이때 아프가니스탄 군대 내에는 1만 명 규모의 소련 공작원이 잠입해 있었던 듯하다.

이 정변으로 다우드 대통령을 비롯하여 정권담당자와 그 가족 약 3천 명이 학살당했다고 한다.

그렇지만 결국 타라키 대통령도 암살되었으며 나아가 그 후계자인 아민 역시 소련 침공 때 암살된다. 1979년 12월 27일 소련군은 다시 아프가니스탄을 침공하였고 파르참파의 카르마르가 대통령으로 취임했다. 소련군은 "아프가니스탄의 치안을 회복한다"는 명목을 내걸고 느닷없이 10만 이상의 군대를 이끌고 들어와 아프가니스탄에 대해 군사개입을 하기 시작했다.

소련이 본성을 드러내고 공격해 온 것이다. 부동항을 찾아서 인도양·중동으로 나가는 루트를 확보하고자 하는 것이 진짜 목적임이 분명했다. 소련은 아프가니스탄을 자신의 세력권 내에 두고 그 남쪽에 있는 인도양에서부터 아프리카까지 패권을 확대하고자 했다. 겨울에도 얼지 않는 항구(부동항)를 손에 넣고 중동의 석유를 겨냥하여 미국의 동맹국인 파키스탄을 억압하려 했던 것이다.

이에 대해 미국·파키스탄·사우디아라비아는 소련의 남하를 가만히 보고만 있을 수는 없었으며 남하를 저지하지 않으면 안 되었다. 미국은 '소련 확장=공산주의 확장'을 저지하고 싶었는가 하면, 파키스탄은 국경을 접한 아프가니스탄이 완전히 소련의 지배 아래 들어갔을 경우 자국의 안전이 위협받는 것이 눈에 보였기 때문이다.

아프가니스탄에 모인 이슬람청년들

"아프가니스탄의 이슬람동포를 구하자."

파키스탄·사우디아라비아·요르단·이집트 등 중동 국가들에서는 캠페인이 전개되었다. 특히 파키스탄과 사우디아라비아는 전세계 무슬림(이슬람교도)들에게 '이슬람의 위기'를 알렸다. 미국의 동맹국인 사우디아라비아 외에 파키스탄이 앞장서서 캠페인을 벌였고 그 캠페인의 배후에는 미국이 숨어 있었다.

이슬람교 등 일체의 종교신앙을 미신이라 해서 탄압으로 일관했던 사회주의 소련의 아프가니스탄 침공은 중동 지역 이슬람교도들의 분노를 사고도 남음이 있었다.

또 여기에 호응한 전세계 무슬림들이 아프가니스탄으로 몰려들었다. 수많은 젊은이들이 아프가니스탄으로 몰려와서 소련군과 싸우겠다며 의용군 지원을 한 것이다. 이렇게 이들이 모여들었던 데는 월급이 나온다는 이유도 작용했을지 모른다.

이와 같이 무슬림 의용병으로 인원이 확보되었고 미국은 무기와 게릴라전술을, 파키스탄은 군사시설을, 사우디아라비아는 자금을, 제각각 아낌없이 제공했다. 소련에 대항하기 위한 무기·전술·시설·자금·인원 모두가 갖추어진 셈이다. 이슬람교도들은 이슬람이 유린당하는 것을 막기 위해 게릴라전으로 소련에 맞섰다.

지원병이 된 젊은이들은 아프가니스탄이나 파키스탄에 있는 군사훈련센터로 이동하였는데, 이 훈련센터들은 미국 CIA가 운영하는 것이었다.

미국이 게릴라 양성에 힘을 기울인 것은, 베트남전쟁에 패배한 이래 자국민을 병사로서 외국전선에 보내는 것이 불가능해졌기 때문이다. 이 때문에 미국은 소련군과 이슬람교도를 싸우게 함으로써 아프가니스탄에서의 전쟁에 승리하려고 했다.

미국 CIA의 환영을 받은 오사마 빈 라덴

지원병이 되어 아프가니스탄으로 몰려온 젊은이들 가운데는 오사마 빈 라덴도 있었다. 부유한 집안 출신인 20대의 빈 라덴 역시 1980년대에 이 캠페인에 부응하여, 쾌적한 사우디의 자기 집을 떠나 아프간 성전에 참가했다. 그리고 빈 라덴이 직접 아프가니스탄으로 들어가면서 자금도 함께 흘러 들어갔다.

빈 라덴은 자유전사로서 미CIA로부터 환영받았으며 무자헤딘 게릴라의 전사, 재정가, 신병모집자 역할을 부여받았다. CIA로부터는 병기를 공급받았고 영국의 3대 정보기관(M15, M16, 국방부정보국)의 하나인 'M16'으로부터는 영국제 브로우파이프(blowpipe) 대공미사일을 받았다.

빈 라덴은 1957년 사우디아라비아 수도 리야드에서 태어났다(제다에서 태어났다는 설도 있음). 52명의 형제 중 17번째였다고 한다. 아버지는 사우디아라비아 최대 건설기업인 빈 라덴 그룹의 총수 무하마드 빈 라덴이다.

아버지 무하마드는 예맨의 하들라마우트 출신으로 사우디아라비아의 근대화 과정에서 부를 쌓은 자수성가의 대표적인 인물 가운데 하나이다. 하들라마우트는 가난한 예맨 중에서도 특히 가난한 지역이었다. 무하마드는 벽돌 쌓는 직공에서부터 시작하여 독립해서 건설회사를 설립했다.

이 회사는 당시 압둘 아지즈 국왕의 눈에 들어서 정부 공공사업을 수주하면서 점점 성장해 갔다. 이슬람의 성지 메카와 메디나의 모스크 재건 등에도 관여했지만, 특히 군수관계의 계약에 강했으며 하들라마우트계 재벌 중 대표적인 재벌의 하나로까지 성장했다.

무하마드에게는 열 명이 넘는 아내가 있었던 것으로 보이며, 오사마 빈 라덴의 어머니는 팔레스타인인(시리아인, 아라비아반도 중앙부 출신이라는 설도 있다)으로 무하마드의 아내로서는 유일한 팔레스타인 사람이었다. 오사마 빈 라덴에게는 같은 어머니에게서 태어난 형제는 없었다고 한다.

무하마드는 매우 경건한 사람이었던 것으로 알려져 있다. 자가용 비행기를 직접 몰고 아침에는 예루살렘에서 예배를 드리고 점심은 마디나, 밤은 마카에서 예배를 드리는 행동파였다. 하지만 1968년 자가용 비행기의 사고로 사망했다. 당시 오사마 빈 라덴은 열 살 안팎이었다.

그가 철이 들었을 무렵에는 빈 라덴 그룹은 이미 사우디아라비아뿐 아니라 중동에서도 이름난 부자였다. 마디나 및 제다에서 자라났으며 제다의 고등학교를 졸업하여 명문 압둘 아지즈 국립대학에 입학했다. 재벌의 직계자손답게 경영학과 경제학을 배우고 그후 영국에서 공학을 공부했다. 학생시절에는 평범한 청년이었으나, 가문의 회사가 재건에 관여했던 메카와 메디나의 성스러운 고대 모스크에 매료되어 신앙심이 깊어졌다고 한다.

의용병으로 참가한 아프가니스탄에서는 가문의 기업을 이용해서 산을 통과하는 도로건설의 자원봉사 등도 신청했던 것으로 알려진다. 러시아의 헬리콥터가 나타난 것을 보고 운전사가 어디론가 몸을 숨겨버렸을 때는 직접 불도저를 운전하기도 했다.

내부분열로 내전에 돌입

1989년 2월, 소련은 10년 가까이 이어진 군사개입에서 마침내 손을 뗐다. 아프가니스탄을 점령할 수 없었던 것이다. 아프가니스탄의 싸움은 미국과 이슬람교도의 승리로 끝났으며, 의용병으로 지원해서 싸우던 중동 출신의 전사들은 각자 자신의 조국 이집트·알제리·예멘·수단·사우디아라비아 등지로 귀국했다.

2년 후, 후원자를 잃은 아프가니스탄공산당 정권이 붕괴했다. 그후 반소 저항운동의 지도자들이 연합해서 정권을 발족시켰다. 소련 자체도 붕괴하고 있었다.

"이로써 아프가니스탄은 평화로워진다."

아프가니스탄 사람들은 반소 저항운동의 지도자들을 무자헤딘(성전사 聖戰士)이라고 부르며 칭송하면서 많은 기대를 하였다.

그렇지만 권좌를 둘러싸고 무자헤딘 동료들 사이에서 내부분열이 일어나 내전에 돌입하게 된다. 전국시대가 된 아프가니스탄 내전에 파키스탄·이란·러시아 등 주변의 외부세력이 개입하여 수도 카불을 중심으로 격렬한 권력투쟁이 전개되었다. 그리고 400만 혹은 600만으로 일컬어지는 난민이 국경을 넘어서 파키스탄이나 이란, 중앙아시아 국가들로 피란 가는 결과를 가져왔다.

구국운동에 나선 탈레반

그때까지 미국은 무자헤딘에게 수십억 달러 상당의 무기와 탄약을 제공하면서도 아프가니스탄을 방치해 두고 있었다.

당시 미국은 부시 대통령의 아버지 조지 부시 정권시대였지만 아프가니스탄에 관심을 보이지 않았다. 혹은 페르시아만을 둘러싼 걸프전쟁에 돌입하여 그 싸움에 몰두하고 있었기 때문에 아프가니스탄에 눈을 돌릴 여유가 없었을지도 모른다.

이 때문에 미국은 아프가니스탄이 인근 국가들의 여러 세력으로부터 무턱대고 개입이나 원조를 받고 있었는데도 거의 주의를 기울이지 않았다.

이러한 미국의 아프가니스탄 정책의 공백 속에서 유력한 세력으로 부상하기 시작한 것이 탈레반이다.

내전이 2년 가까이 계속된 후인 1994년 봄, 칸다하르 근처 농촌의 이슬람 지도자였던 무라 무하마드 오마르가 장기화되는 내전을 우려하여 제자들과 함께 구국운동에 나섰다.

그해 여름, 그를 선두로 해서 아프간 남부에서 신흥세력 탈레반이 불쑥 모습을 드러냈다. 탈레반 세력은 대부분이 파슈툰인으로 구성되었으며 운동의 담당자는 파키스탄에서 난민으로 생활하고 있던 각지 이슬람 신학교(이슬람 학자·지도자 양성기관) 출신의 신학생(탈레반)들이었다.

그들은 아프가니스탄의 평화를 실현하고 법과 질서를 확립하고 국내의 무장해제를 단행하고 샤리아(이슬람법)를 적용한다고 선언했다. 같은 해 11월에는 마침내 칸다하르를 제압하고 그 기세를 몰아 북쪽으로 진격했다.

전쟁에 염증을 느끼고 있던 파슈툰인들로부터 환영을 받은 탈레반은 각 지방의 주요 도시를 장악하고 무자헤딘들을 모조리 몰아냈다.

탈레반은 분열한 무자헤딘의 주요한 한 파인 헤크마티알을 무너뜨리고 쾌속 진격을 계속하여 헤크마티알이 달성하지 못했던 수도 카불을 함락시켰으며, 소련이 10년에 걸쳐서도 실현할 수 없었던 아프가니스탄 국토 전체를 불과 4, 5년 사이에 장악했다.

탈레반이 카불을 제압하자, 파키스탄과 사우디아라비아의 대(對)아프가니스탄 정책이 변화를 보였다. 그때까지 헤크마티알을 지원하던 이 두 나라는 카불 제압을 계기로 탈레반 쪽으로 돌아섰던 것이다.

미국을 비롯한 많은 나라들은 탈레반 세력이 무사히 내전에 종지부를 찍을 것이라고 예상했다. 하지만 예상외로 탈레반은 코란(이슬람교의 교리집)과 샤리아를 필요 이상으로 과격하게 해석하는 '초원리주의'라고 일컬어지는 행동에 나섰다. 초원리주의 아래 지나치게 잔혹한 처형방법, 극단적인 여성차별, 아편생산 장려 등을 실시했던 것이다.

탈레반의 이 같은 강압정책에 대해 줄기차게 저항했던 유일한 세력이, '아프가니스탄의 영웅' '판즈시르의 사자'라고 불리던 마수드 사령관의 북부동맹이었다.

아프가니스탄 국민들은 탈레반을 지지했다. 그중에서도 파키스탄에서 아프가니스탄을 통해서 이란이나 중앙아시아로 마약과 밀수품을 운반하는 운송마피아로부터 특히 환영을 받았다. 이들 운송마피아들은 국내 곳곳에서 무자헤딘들에게 막대한 통행세를 바쳐야 했으며 때로는 밀수품을 강탈당하고 목숨까지 위태로운 지경에 놓이기도 했기 때문이다. 탈레반도 지배지역에서 통행세를 요구했지만, 무자헤딘에 비하면 그 액수는 훨씬 적었다. 통행세만 지불하면 여행의 안전도 보장받았다.

탈레반과 운송마피아들의 이해관계가 일치했던 것이다. 운송마피아의 통행이 활발해지면 그만큼 많은 통행세가 탈레반에게 들어오므로, 탈레반으로서도 귀중한 자금원이었다. 더욱이 운송마피아들은 파키스탄의 군부나 정부에 강력한 연줄을 대고 있었기 때문에 파키스탄의 탈레반에 대한 지원도 증대시킬 수 있었다.

이 사이에 미국에서는 클린턴 정권이 1993년 1월에 탄생했고 두각을 나타내고 있던 탈레반을 지원했다. 당시 미국은 아프가니스탄에 안정된 정권이 수립되기를 기대했기 때문이다.

제2차 그레이트 게임(great game)

이런 와중에 투르크메니스탄에서 아프가니스탄을 경유하여 외해에서 천연가스를 운반하는 파이프라인의 건설계획에 과감하게 도전한 회사가 나타났다.

이 건설이권을 둘러싼 각축전은 국가들간이 아니라 민간기업이 중심이 된 대리경쟁으로 전개되었다. 민간기업이 국가를 움직이고 국가가 상대국가를 움직이게 하거나 혹은 민간기업이 상대국가 그 자체를 움직이게 하는 도식이었다.

아프가니스탄을 통하는 파이프라인의 건설 이권을 둘러싸고 인근 국가들을 비롯하여 미국, 러시아, 일본이 치열하게 싸웠다. 여기에다 아프간내전이 복잡하게 뒤얽히면서, 그 형국이 마치 19세기에 러시아와 대영제국이 벌였던 '그레이트 게임'을 연상케 하여 이를 두고 '제2차 그레이트 게임'이라고 불렀다.

* 미국 석유회사 유노칼과 아모코: 미국 정부
* 영국 석유회사: 영국 정부·왕실

130

* 사우디아라비아 석유회사 델타석유와 닌가르티요르: 사우디아
  라비아 왕실
* 아르헨티나의 브리더스: 아르헨티나 정부
* 러시아의 가스프롬: 러시아 정부
* 일본의 인도네시아석유와 이토쓰석유: 일본 정부・석유공단
* 한국의 현대그룹: 한국 정부
* 파키스탄 정부

이 치열한 쟁탈전의 주역은 미국의 거대 석유탐사회사 유노칼사와
아르헨티나의 브리더스였으며, 특히 유노칼사가 우세했다.

유노칼사는 석유와 천연가스 탐사에서부터 개발・굴삭・반출・공
급까지의 모든 기술을 보유한 벤처기업으로 전세계적으로 알려져 있
으며, 아시아나 미국의 멕시코만 지역, 라틴아메리카 등지에 있는 생
산회사에서는 발전소나 파이프라인 프로젝트를 전개해 온 기업이다.

그리고 이 혼란스러운 상황을 교묘하게 이용하여 최대의 이익을
획득한 쪽이 탈레반이었다.

유노칼사와 브리더스를 동시에 교섭상대로 해서, 한쪽을 밀어냈다
싶으면 다른 쪽을 배신하는 등 양쪽을 마음대로 조정하기 위해 가격
을 인위적으로 끌어올리곤 했다. 탈레반은 장사수완이 탁월했다.

투르크메니스탄의 파이프라인 계획

이 과정에서 1995년 10월 유노칼사는 투르크메니스탄 정부에 '중
앙아시아 가스 파이프라인 프로젝트'를 제안하면서 가스 파이프라인

건설계획을 제의하였다.

이에 따라 투르크메니스탄에서 천연가스를 매입하여 파키스탄으로 수송해서 그것을 판매하는 권리에 대한 계약을 투르크메니스탄 정부와 맺었다.

이 프로젝트는 투르크메니스탄→아프가니스탄→파키스탄을 연결하는 파이프라인 가운데 아프가니스탄에서의 파이프라인 건설과 파키스탄에서의 마케팅 및 출구의 개발 등을 수행한다는 내용이었다.

유노칼사는 1996년 8월 13일 러시아의 가스프롬사와 투르크메니스탄의 투르크메니스탄 가스 사하고도 투르크메니스탄→아프가니스탄→파키스탄을 연결하는 천연가스 파이프라인 건설 계약을 맺고 계약서에 사인했다.

이 파이프라인에서는 투르크메니스탄의 달레드바드 지역에서 약 1500km 떨어진 가스매장지에서 하루 최대 20억 입방피트의 가스가 나올 예정이었다. 그 비용으로는 약 20억 달러가 들 것으로 추산되었다.

파이프라인의 총길이는, 투르크메니스탄 남동부에서 파키스탄 물탄(이 도시를 중계기지로 해서 국내 간선으로 연결된다)까지 1271km의 부설이 예정되었으며 나아가 인도까지 640km를 연장하는 것도 검토중이었다.

파이프라인 건설비용은 파키스탄까지 19억 달러, 인도까지는 여기에다 6억 달러가 더 필요할 것으로 예상되었다.

이 계획을 실현하기 위해 투르크메니스탄에서 파이프라인 건설이권을 따낸 유노칼사를 비롯하여 일본의 인도네시아석유(주), 이토쓰석유개발(주) 등 국제기업 6개사는 1997년 10월 27일 투르크메니스탄의 아시가바드에서 투르크메니스탄 정부와 세인트 가스 사 설립을

<그림 1> 투르크메니스탄 천연가스 지대에서 파키스탄을 잇는 파이프라인 건설 프로젝트

세인트 가스 회사 설립(1997. 10. 25)

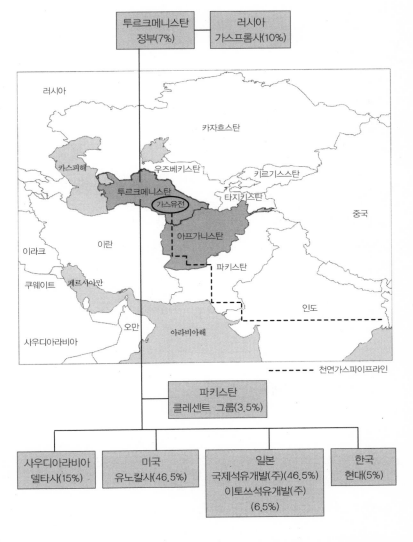

위한 조인식을 거행하였다. 이것은 국제기업연합에 의해 설립된 회사이다.

이미 투르크메니스탄 정부는 드레타바드 가스매장지에서 나온 천연가스를 투르크메니스탄·아프가니스탄 국경으로 공급하는 것을 보증했으며 그 천연가스를 파키스탄 정부가 장기적으로 구입한다는 것도 확인시켜 주었다. 대상이 된 드레타바드 가스매장지는 추정매장량이 7천억m³(일본의 연간 천연가스 소비량의 10배 이상)나 되는 거대한 규모이다.

세인트 가스 사는 투르크메니스탄의 풍부한 가스를 수요확대가 기대되는 파키스탄으로 공급하기 위하여 가스공급권 확보와 대규모 가스매장지 개발을 포함한 폭넓은 사전조사를 실시할 예정이었으며, 2003년 파이프라인 완성을 목표로 하고 있었다.

이 프로젝트에 참가한 국가들의 기업 및 참여비율은 다음과 같다. 유노칼사(미국, 참여비율 46.5%), 델타사(사우디아라비아, 15%), 가스프롬사(러시아, 10%), 투르크메니스탄 정부(7%), (주)인도네시아석유(일본, 6.5%), (주)이토쓰석유개발(일본, 6.5%), 현대그룹(한국, 5%), 클레센트그룹(파키스탄, 3.5%).

파이프라인 건설계획의 좌절

이러한 분위기 속에서 유노칼사는 클린턴 정권에 적극적인 로비활동을 벌였고, 클린턴 정권은 이러한 움직임을 환영했다. 유노칼사는 투르크메니스탄뿐 아니라 아프가니스탄에 대해서도 일찍부터 교섭을 하는 등 이권획득을 위한 공작을 펴나갔다.

탈레반이 '반(反)이란'을 표명하고 있었기 때문에 "탈레반의 대두를 이란봉쇄에 활용한다"고 판단한데다, 유노칼사의 파이프라인 건설이권 획득은 이 지역의 자원을 이란과 러시아에 넘겨주지 않는다는 정치전략상의 중요한 의미를 가지고 있었다.

이것은 당시 미국의 외교정책과 일치했는데, 즉 이 단계에서는 탈레반 정권이 결코 '반미'가 아니었던 것이다.

설령 미국의 일방적인 사정 때문이라고는 할지라도 클린턴 정권은 탈레반을 이른바 '키워준 부모' 역할을 다했다고 할 수 있다. 이에 호응하듯이 탈레반은 1996년 9월에 수도 카불을 제압하고 국토의 2/3를 실질적으로 지배할 만큼 세력을 확대해서 정권을 수립해 나간다. 이 무렵 오사마 빈 라덴이 탈레반과 접촉하여 합류한다.

미국의 기대는 더욱더 커졌고, 탈레반의 수도 제압에 대해 제2기 클린턴 정권의 올브라이트 국무장관은 "좋은 의미의 전진이다"고 평가했을 정도이다.

올브라이트 국무장관은 미국 역사상 최초의 여성 국무장관으로 그 전까지 유엔대사를 지냈다. 국무장관은 미국 정부의 최고위 지위이다. 당시 그녀는 영국의 대처 수상에게 조금도 뒤지지 않을 수완을 가진 '철의 여성'으로 불렸으며 호탕한 올브라이트 식의 '공격적인 외교'를 전개했다.

그런데 사태가 일변하는 사건이 발생했다. 미국 내에서 '인권옹호'를 제창하는 여성단체들이 "석유를 위해 여성과 어린이들을 희생양으로 삼지 마라"고 쓴 플래카드를 내걸고 탈레반을 지지하는 클린턴 정권에 대해 항의데모를 펼쳤던 것이다. 클린턴 대통령의 부인 힐러리 여사까지도 클린턴 정권을 비판하고 나섰다.

이 항의를 받아들여 1997년 가을 올브라이트 장관은 손바닥을 뒤집듯이 태도를 싹 바꾸어서 "탈레반 정권을 승인하지 않는다"고 선언하며 절교장을 내던졌다.

이유는 이슬람 원리주의를 정치의 기본으로 하는 탈레반 정권이 여성에게 '블루카'라는 베일로 얼굴을 가리게 하고 또 여성들을 어릴 때부터 일절 교육을 받지 못하게 하는 정책을 실시하기 때문이라는 것이었다.

확실히 탈레반은 "여성은 유혹에 의해 알라에 대한 신앙을 방해하는 존재"라 하여 여성의 권리를 부정했다. 여성은 교육을 받아서도 안 되고 일을 해서도 안 되고 거리를 나돌아다녀서도 안 되었다. 이 때문에 유엔의 여성직원들조차 활동을 금지당했으며 채찍을 맞은 직원도 있었다고 한다. 기아로 고통받고 있는 사람들에게 식량원조를 해주는 직원들까지 여성이라는 이유로 활동이 금지되었던 것이다.

또 탈레반은 유럽의 문화를 부정했을 뿐 아니라 아프가니스탄에서 생활하고 있는 민족들의 문화까지도 부정했다. 탈레반 정권의 종교 감찰 총본부는 1996년 12월에 수도 카불에서 다음과 같은 내용을 포고했다. "연 날리기 금지. 연을 파는 상점은 폐지되어야 한다." "결혼식에서 노래나 춤 금지. 이에 위반한 경우는 가장이 체포되어 처벌을 받는다." 이렇게 음악이나 춤은 말할 것도 없고 스포츠나 연 날리기까지 금지하였다.

한편 올브라이트 국무장관은 당시 인권 이상주의 외교를 적극적으로 추진하고 있었다. 이런 올브라이트의 외교에 비추어보면, '탈레반 불승인'은 당연한 조처였다.

나아가 올브라이트 국무장관과 힐러리 여사 그리고 여성단체들은 탈레반 정권에 침투해 있던 유노칼사에 대해서도 항의의 예봉을 겨냥했다.

유노칼사는 탈레반 정권이 여성을 차별하고 있다는 것을 알면서도 이것을 묵인하고 파이프라인 건설이권을 획득하는 데 혈안이 되어 있다고 보았기 때문이다. 이 때문에 유노칼사는 여성단체들로부터 "탈레반 정권으로부터 손을 떼라"는 압박을 받았다.

유노칼사로서는 마른하늘에 날벼락 같다는 생각이 들지 않을 수 없는 사태였다. 그러나 결국에는 탈레반과 단절할 수밖에 없는 상황에 빠져들었다.

1998년 8월 21일 유노칼사는 이 파이프라인 프로젝트에 관련된 모든 활동을 중단했다. 중앙아시아 가스 파이프라인 공동체로서 프로젝트를 다시 검토하였고, 그 결과 유엔과 미국이 아프가니스탄에 정통의 안정된 정권을 수립하기까지는 프로젝트에 대한 투자를 미루기로 결정했다.

1998년 8월 7일의 케냐와 탄자니아의 미국 대사관 동시폭파 테러 사건에 대한 보복으로, 클린턴 대통령이 같은 달 20일 수단과 아프가니스탄에 공중폭격을 한 바로 다음날의 일이었다.

같은 해 12월 유노칼사는 그 공동체로부터 정식으로 철수했다. 탈레반이 관계하는 프로젝트에는 자금을 제공할 수 없다는 결정을 내린 것이었다.

탈레반 정권으로부터 손을 떼는 것은 뼈아픈 결단이었다. 확실히 이 파이프라인 건설에서는 아프가니스탄에 자유롭고 민주적인 안정된 정권이 수립되는 것이 아무래도 필수적인 대전제였다. 따라서 아프가니스탄에 안정된 정권이 수립되고 인권이 보호되는 그와 같은 사회가 실현되기까지 투자를 관망하기로 한 것이다.

즉 거꾸로 말하면, 아프가니스탄이 황폐화에서 벗어나서 경제재건을 향해 발걸음을 내디딜 때는 다시 건설을 노리겠다는 계획을 현재 유노칼사는 버리지 않고 있는 것이다. 아프가니스탄에 평화와 안정이 찾아들고 경제개발이 가능할 때가 올 것을 희망하며 그 시기가 도래하기를 기다리고 있는 셈이다.

유노칼사가 그렇게 쉽게 이 파이프라인 건설의 이권을 포기할 리 없다. 그들로서는 치열한 경쟁 끝에 얻어낸 이권이었기 때문이다.

투르크메니스탄이나 탈레반 정권에 침투하는 활동뿐 아니라 클린턴 정권에 대한 '로비활동'에도 상당한 자금을 쏟아부었을 터이다. 그런 만큼 유노칼사로서는 이 프로젝트에서 완전히 손을 뗀다는 것은 있을 수 없는 일이다.

그후 유니칼사는 아프가니스탄 여성들의 권리에 관해 이해하고 아프가니스탄 국민들을 위해서 네브래스카 대학을 통해서 인도주의 차원에서 지원, 기능훈련 등의 프로그램을 꾸준히 시행하고 있다. 다만 이 프로그램에는 파이프라인 공사기능에 관한 훈련은 포함되어 있지 않다고 한다.

국제사회에서 고립된 탈레반 정권

클린턴 정권이 탈레반 정권을 적대시하게 된 것은 1998년 케냐와 탄자니아의 미 대사관 동시폭파 사건이 일어나면서부터였다.

그리고 이 사건의 주모자로 지목된 사람이 사우디아라비아 출신의 이슬람 활동가 오사마 빈 라덴이었다. 그리고 탈레반이 빈 라덴을 아프가니스탄에 숨겨주고 있었다. 이후 미국은 탈레반을 전면 부정해버리게 된다.

이에 따라 클린턴 정권은 아프가니스탄 내전에 대한 대응을 둘러싸고, 이 지역의 동맹국인 파키스탄과 사우디아라비아에 사실상 자유롭게 맡겨버렸다.

그러나 클린턴 정권은 탈레반에게 절교장을 내던지면서도 마수드 사령관 등 반정부파를 원조하지는 않았다. 구미 국가들은 파키스탄이 직접 아프가니스탄에 개입하여 탈레반을 계속 지원하고 있는 것을 못 본 체했으며 탈레반이 마수드파를 압도하는 것도 묵인하고 있었던 것이다.

이 같은 행동의 결과, 탈레반 정권은 국제사회에서 고립되었고 급기야 '반미'로 돌아설 수밖에 없었다는 사실을 잊어서는 안 된다.

1999년 11월 탈레반 정부는 유엔으로부터도 제재조치를 받아 국제사회에서 고립되었지만, 사우디아라비아나 파키스탄만은 계속 승인을 해주고 있었다. 이것은 가스 파이프라인의 독자 건설에서 다행이었다.

중요한 석유와 천연가스를 공급하는 투르크메니스탄은 탈레반 정부에 대해서 원래 중립이었다. 파키스탄이나 사우디아라비아처럼 적극적으로 원조하지는 않았지만 탈레반이야말로 아프가니스탄 내전의 승리자라고 생각했으며 친탈레반적인 자세를 취했다. 그러나 실제로는 탈레반뿐 아니라 반탈레반하고도 외교채널을 가지고 있었다.

파키스탄이 탈레반을 지원한 것은, 그들이 정권을 장악하게 됨으로써 헤크마티알파를 대신하는 파키스탄 괴뢰정권이 탄생할 것을 기대했기 때문이다. 원래 탈레반은 소련이 아프가니스탄을 침공했을 때 파키스탄으로 피란 간 사람들의 자식들이며 파키스탄이 키워서 아프가니스탄으로 들여보낸 배경을 가지고 있었다.

오랜 세월 인도와 카슈미르 분쟁을 치러온 파키스탄으로서는 아프가니스탄에 친파키스탄 정권이 탄생하게 되면 후방을 염려하지 않고 앞쪽의 인도와의 전쟁에 집중할 수 있는 이점이 있었다. 만약에 인도와의 싸움에서 형세가 악화되었을 경우 일단 아프가니스탄으로 군대를 후퇴시켜 전열을 가다듬어서 다시 반격하는 것도 가능하다.

또 미국과 파키스탄이 건설한 탈레반의 군사시설을 병사훈련용으로 이용할 수 있거니와 탈레반 병사들을 카슈미르에 투입하는 것까지도 고려하였다.

경제 면에서는 중앙아시아나 이란과의 무역을 독점할 수 있고 나아가 투르크메니스탄의 원유와 천연가스를 아프가니스탄을 경유해서 파키스탄으로 끌어들이는 파이프라인 건설을 유리하게 진척시킬 수 있었다.

2001년 클린턴 정권에서 부시 정권으로 교체되자, 부시 대통령과 그 참모들은 국제사회에서 고립된 탈레반이 오사마 빈 라덴과 손을 잡고서 가스 파이프라인을 독자적으로 건설하려는 계획에 대해 강한 우려와 경계심을 나타냈다.

더욱이 탈레반 정권이 이웃나라 파키스탄에 붙어서 사우디아라비아의 원조를 받고 있는 것도 마음에 들어하지 않았다. 파키스탄은 적대적인 인도와 더불어 핵무기개발을 위한 핵실험을 진행하여 한창 경제제재를 받고 있는 중이었지만, 무엇보다도 핵무기가 탈레반과 빈 라덴의 손에 넘어갈 위험을 우려했다.

부시 대통령과 참모들은 이미 2000년 가을 대통령선거가 무르익었을 때부터 탈레반과 빈 라덴의 처분을 검토할 필요성에 직면했다. 러시아나 영국, 이란, 파키스탄 등의 국가들을 누르고 가스 파이프라인 건설이권의 주도권을 장악하기 위해서도 탈레반과 빈 라덴의 존재는 눈엣가시였던 것이다.

복잡한 역사를 걷는 사우디아라비아

미국 쪽에서 볼 때 석유수출기구의 맹주적 존재인 사우디아라비아는 동맹국인 동시에 방심할 수 없는 위험한 나라이다. 게다가 여간 복잡하지 않아 보통 방법으로는 미국 뜻대로 다룰 수 있는 나라가 아니다. 그만큼 대처하기 어렵고 까다로운 측면을 많이 가지고 있는 나라였다.

사우디아라비아의 역사를 되돌아보면서 이 나라가 놓여 있는 특수한 환경을 설명해 보겠다.

아라비아 반도는 중·근동에 있는 건조한 반도이다. 현재 주민은 주로 셈계로 그 대부분은 유목민 베드윈족이다. 반도의 대부분은 사막이지만, 고대에는 예맨, 하들라마우트 등지의 남서부가 비옥해서 일찍부터 개발되었다.

근세 들어서 왕조들의 지배 아래 헤자즈 지방이나 예맨에는 지방 정권이 존속하였으며 1583년 오스만 왕조의 투르크제국이 메카를 그 지배 아래 두었다. 오스만 투르크는 16세기에 급팽창하여 헝가리, 시리아, 메소포타미아, 이집트 그리고 아라비아를 정복했다.

18세기 후반, 와하브 왕국의 압둘 와하브가 마호메트교로 되돌아가는 종교개혁을 단행했으며, 네지드(중부 아라비아)의 호족 이븐 사우드 가문의 협력을 받아 반도의 대부분을 지배하는 세력을 구축했다.

그런데 이집트의 지배자 무하마드 알리가 1813년부터 군대를 보내 와하브 왕국은 1818년에 멸망한다.

한편 1901년 이븐 사우드 가문의 왕자 압둘 아지즈가 21세 때 영토 회복을 꿈꾸며 쿠웨이트에서 귀국하였으며, 1902년에 라시드 가문으로부터 리야드를 탈환하여 와하브 왕국을 다시 일으킨다. 그리고 1926년에 이븐 사우드 가문에 의해서 아라비아 반도가 통일되면서 1932년에 국호를 사우디아라비아 왕국으로 정하고 국어로 아라비아어, 헌법으로 코란이 채택되었다.

사우디아라비아에서 석유가 발견된 것은 1938년이다. 제2차 세계대전중에는 생산을 중단할 수밖에 없었지만, 전후 1950년까지는 사우디아라비아의 로열티는 매주 약 100만 달러에 이르렀으며 1960년까지는 사우디 정부수입의 81%가 석유로 충당되었다.

이에 대해 미국이나 영국은 사우디아라비아에 최신식 무기를 판매해서 만회하고 있었다. 죽음의 상인들이 그늘에서 꿈틀거리고 있었던 것이다.

압둘 아지즈는 1953년에 서거하고 아들 사우드가 왕위를 계승했다. 하지만 사우드의 심한 낭비벽 때문에, 1958년 3월 일족들은 왕위 이외의 권력을 외무대신인 파이잘 황태자에게 이양케 했다. 파이잘은 국가행정의 근대화와 왕국의 재정질서 회복을 도모했다.

그러나 1960년 12월 사우드가 권력을 되찾음으로써 파이잘은 수상직을 사임해야 했다. 사우드가 다시 건강을 해치면서까지 방탕한 생활을 하기 시작하자 왕족들 사이에서 분쟁이 일어났고, 그 결과 1964년 11월 3일에 사우드는 퇴위하고 다시 파이잘이 왕위에 오른다.

사우디아라비아는 1967년의 중동전쟁 동안 다른 아랍 산유국들과 함께 미국·영국에 대한 석유수출을 중단했다. 또 1973~74년에는 석유수출 금지의 중심이 되었다. 이에 따라 석유가격이 4배나 올랐으며, 파이잘은 OPEC(석유수출기구)의 석유생산량의 30%와 비공산권 석유매장량의 35%를 지배했다.

1972~78년 이 나라의 석유수입(收入)은 연간 43억 5천만 달러에

서 360억 달러로 급증했으며, 이 자금력을 배경으로 명실공히 세계의 한 세력으로 정치적 지위를 확립했다.

그런데 파이잘 국왕이 1975년에 사위 파이잘 빈 무자이드에 의해 살해당하고 파이잘의 이복동생 할리드 황태자가 왕위를 계승한다.

이 혼란을 틈타서 수많은 외국인들이 사우디아라비아에 몰려들었으며 유전개발계획에 따른 이권이 왕족의 부패, 오직(汚職)을 발생시키면서 일부 부족이나 저소득층·중산층 계급의 불만이 표면화되는 결과를 가져온다.

할리드 국왕은 1982년 6월에 사망하고 이복형제인 압둘 아지즈의 넷째아들 파드가 국왕자리에 올랐다. 다만 할리드의 건강이 좋지 않았던 사정도 있어서 파드는 오랫동안 황태자로서 국정을 지휘해 왔기 때문에 정치경험이 풍부했다.

보통 방법이 통하지 않는 사우디아라비아 왕실의 움직임

1979년 왕정을 실시하고 있는 사우디아라비아로서는 매우 심각한 사태가 발생했다. 이란에서 이슬람 혁명이 일어나 팔레비 국왕은 국외로 탈출한 것이다.

이란 혁명의 영향이 사우디아라비아에까지 파급되면, 왕정은 위기에 빠질 터였다. 국내에서의 혁명을 우려한 사우디아라비아 왕실은 이란 혁명에 대해 반대입장을 취하였고 이것을 이유로 해서 이란과의 관계가 긴장되었다.

그런데다 이라크가 1990년 8월에 쿠웨이트를 침공하자 사우디아라비아 왕실의 위기감은 더욱 고조되었다. 이라크가 사우디아라비아를 다음 타깃으로 정하고 그 혼란상태를 틈타 혁명이 일어나기라도 하면 큰일이라고 판단한 사우디아라비아 왕실은 경계를 강화하기 시작했다.

이로 인해 미국에 군대파견을 요청하였으며 최대 규모로 50만 명 이상의 병사가 사우디아라비아에 주둔하게 된다.

현 부시 대통령의 아버지 조지 부시 대통령은 걸프전쟁을 결의하고 사우디아라비아 기지에서 대(對)이라크 공습의 폭격기를 발진시켰다. 여기에서는 사우디아라비아 왕실이 이라크와 이란 혁명의 영향으로부터 자신들의 정치체제와 정권을 지킨다는 것도 한 가지 목적이었다.

걸프전쟁으로 이라크를 제압하는 데 성공한 미국은 전후(戰後)에도 사우디아라비아 내의 미군기지를 철수하지 않고 그대로 주둔시키는데, 표면적인 목적은 이라크를 견제하고 이스라엘을 방위하는 동시에 사우디아라비아 왕실을 지킨다는 것이었다.

그러나 미국이 이스라엘 방위에 역점을 두는 정책이나 행동을 취하자, 사우디아라비아 정부는 암암리에 항의를 하기 시작했다. 예를 들어 2000년에는 압둘라 황태자가 클린턴 대통령 외에 유럽이나 아랍의 지도자들과 전화상의 협의에서 사우디아라비아의 입장을 설명하면서 파드 국왕의 의향이라며 "아랍인이나 이슬람교의 성지 혹은 팔레스타인 사람들에 대한 침략이 계속되면 사우디아라비아의 지도부와 국민은 결정적인 조치를 취할 것이다"고 전했다.

당시 클린턴 정권은 루빈 재무장관이나 후임인 섬머스 재무장관, 올브라이트 국무장관 등 유태인 각료와 참모들이 포진되어 있어서, 어느 쪽인가 하면 친이스라엘 정책과 행동에 치우치는 경향이 짙었기 때문이다.

사우디아라비아와 미국의 관계는 지금도 변함이 없다. 하지만 미군주둔의 배후목적은 요 몇 년 사이에 변화되었다. 사우디아라비아가 제멋대로 행동하지 못하도록 감시하고 경계한다는 새로운 목적이 추가된 것이다.

그 이유의 하나로는, 세계 최대의 석유·천연가스 매장량을 자랑하는 사우디아라비아의 왕실과 일부 부호들이 오사마 빈 라덴에게 자금지원을 하고 탈레반 정권을 지원해 온 데 대한 경계심이 있다.

사우디아라비아가 빈 라덴을 지원한 목적은 투르크메니스탄 등지의 석유·천연가스 파이프라인 건설이권에 있었다. 이를 위해서 아프가니스탄에 대한 영향력을 강화하고 경우에 따라서는 진출할 기회를 엿보며 암약하고 있었다.

부시 대통령은 이 사우디아라비아의 움직임을 불쾌해하며 단호하게 제지하는 자세를 보였던 것이다.

물론 미국이나 영국은 사우디아라비아에 석유이권을 가지고 있다. 그렇지만 최대의 산유국인 사우디아라비아가 석유·천연가스 매장의 보고(寶庫)에까지 새로운 영향력을 가지게 되는 것은 바람직하지 않다고 생각하고 있다. 이 이상 사우디아라비아가 석유공급을 좌지우지하는 것을 원치 않기 때문이다.

미국이나 영국 정부 그리고 그 배후에 있는 록펠러 재벌과 로스차일드 재벌로서는 전세계의 자원을 자신들의 지배 아래 두지 않으면 안심할 수 없는 것 같다. 따라서 자신들이 지배하는 자원에 손을 뻗쳐 이권을 교란시키는 자는 설령 오랜 우방인 사우디아라비아라 할지라도 허용할 수 없는 것이다.

한편 사우디아라비아 왕실은 국내 테러집단들의 반체제 저항운동의 열기를 밖으로 돌림으로써 신변의 안전과 왕정의 존속을 도모하고자 했다. 그리하여 미국이나 영국, 넓게는 유태인이 테러집단들의 표적이 되었다. 케냐나 탄자니아의 대사관뿐 아니라 사우디아라비아 주둔의 미군 시설과 함선까지 피해를 입는 등, 미국을 표적으로 하는 테러공세가 계속되었다.

이 때문에 미국은 경비상의 문제도 고려해서 미군들이 거리를 방황하여 사람들을 자극하는 일이 없도록 하기 위해, 그때까지 도시 주변에 분산해 있던 미군시설을 사막 한가운데 건설중인 대형 기지로 이전하는 계획을 앞당겨 추진하기로 결정했다고 한다.

미국 정부의 강력한 요청을 받아서 사우디아라비아 정부는 겉으로는 이런 테러사건에 대해 열심히 수사하는 태도를 보이지만 그 실상은 일을 걸날리고 있었다.

미국 쪽에서 볼 때 사우디아라비아는 복잡한 나라이며 특히 왕실의 동향은 기괴하여 "미국의 진정한 적은 사우디아라비아 왕실"이 아닌가 하는 생각마저 들게 한다.

부시 대통령에게 있어서 이 나라는 꽤나 만만치 않은 상대이다. 좀처럼 마음을 놓을 수 없는 사우디아라비아 왕실의 음모를 봉쇄하기 위해서는 아무래도 사우디아라비아 왕실이 아프가니스탄에 들여보냈다고 판단되는 빈 라덴과 이를 숨겨주고 있는 탈레반 정권을 타도·섬멸하는 음모를 기도하는 길밖에 없었다.

카리스마적 존재가 된 오사마 빈 라덴

걸프전쟁이 종결되었지만 사우디아라비아에는 미군이 계속 주둔했다. 표면적으로는 이라크에 대한 견제와 이스라엘 방위를 주둔의 목적으로 내세웠으나, 실제로는 사우디아라비아를 감시·경계함으로써 그 독자적인 행동을 허용하지 않겠다는 것이었다. 이런 숨은 목적을 오사마 빈 라덴은 간파하고 있었다. 특히 그는 미군이 이스라엘을 방위하는 기능을 수행하고 있는 것을 마음에 들어하지 않았다.

빈 라덴은 아버지 때부터 사우디아라비아 왕실과 각별한 관계를 맺어왔다. 아버지가 비행기 사고로 사망한 후에는 당시 국왕의 비호와 애정을 듬뿍 받으면서 자라났다.

그 국왕이 암살되었고 배후에 미국 CIA가 있었다는 사실을 나중에 깨닫고는 미국에 대한 증오심을 품는다. 그러나 소련이 아프가니스탄을 침공했을 때 의용병으로 아프가니스탄으로 가서 그곳에서 CIA가 만든 훈련장에서 훈련을 받기도 했으며, CIA로부터 무기·탄약을 조달받는 동안 CIA요원들과도 친숙해졌다. 이렇게 해서 빈 라덴은 상호 모순되는 복잡한 감정을 가지게 된다.

그러나 사우디아라비아의 현실을 보면, 미국의 처사를 도저히 납득할 수 없어 강한 반감을 품었으며, 당연히 미군주둔을 인정하는 사우디아라비아 왕실을 격렬하게 비판하지 않을 수 없었다. 또한 일부 특권계급과 국민들 간의 심각한 빈부격차에도 분노를 느꼈다. 이 때문에 사우디아라비아 왕실을 향해 더 과격한 비판의 화살을 날렸다고 볼 수 있다.

그 무렵 풍부한 석유수입으로 풍요로운 생활을 누려온 사우디아라비아 사람들 사이에서는 빈곤에 대한 불안감이 확산되고 있었다. 걸프전쟁으로 군사비 지출이 늘어나고 석유가격이 하락한 점이 주요한 원인이었다.

미국이 사우디아라비아 정부에 거액의 군사비 지출을 강요한 데 대한 반감도 강해졌으며 과격파들의 미군시설에 대한 폭탄테러도 자주 발생했다. 다만 과격파의 진짜 표적은 벼락부자 티를 내며 부패해 있는 왕실 그 자체였다.

'아프간에서 돌아온' 과거 의용병들이 과격한 활동을 거듭하기 시작하자, 사우디아라비아 왕실은 반체제운동이 왕정타도를 지향하며 혁명으로 발전하는 것을 경계했다. 과격파의 단속을 강화하지만 왕정 그 자체가 붕괴할지 모르는 국가체제의 위기가 은연중에 고조되어 갔으며, 그에 따라 왕족들의 위기감도 더해 갔다.

원래 아프가니스탄 의용병으로 갔던 젊은이들은 자신들의 나라에서 국민들의 성원을 받으며 떠났었다. 따라서 자신들이 귀국하면 대환영을 받을 것으로 기대하고 있었다. 하지만 조국은 이들을 냉랭하게 대했고 이런 대접에 이들은 몹시 의기소침해진다. 그런 이들 사이에서 과거의 전우이자 엄청난 부자인 빈 라덴은 카리스마적인 존재가 되어 존경과 숭배의 눈길을 받았으며 인기를 모았다.

과거 의용병들은 "부자인 오사마 빈 라덴만은 전우들을 위해서 무언가를 해줄 게 틀림없다"고 기대했으며 마음의 지주가 되었을 것이다. 그 인기는 쇠퇴하기는커녕 점점 더 높아만 갔다.

그런데 1994년 빈 라덴은 사우디아라비아 왕가를 비판했다는 이유로 사우디 시민권을 박탈당한데다 가족들로부터도 의절을 당하고 국외추방 처분을 받았다. 그 때문에 그는 하는 수 없이 수단으로 망명을 하게 된다.

빈 라덴을 뒤에서 지원

그러나 사실 사우디아라비아 왕실은 빈 라덴으로부터 격렬한 비판을 받으면서도 그를 뒤에서 지원해 왔다. 그중에서도 사우디아라비아의 국방항공부 장관이자 제2부수상인 술탄 황태자는 이라크의 쿠웨이트 침공을 계기로 발발한 걸프전쟁 무렵부터 빈 라덴과 친밀한 관계를 맺고 있었다.

빈 라덴은 술탄 황태자를 회견하는 자리에서 "미국의 원조 없이도 바그다드를 이길 방법이 있다"면서 협력을 제의했다.

사우디아라비아는 세계 최대 규모의 군사비를 지출하는 나라이며 이 군사비를 총괄하는 사람이 술탄 황태자였다. 무기구입이나 항공기구입은 술탄 마음대로 했으며 '내셔널 플랙'(National Flag), '사우디항공'도 술탄 황태자 산하에 있다고 한다. 빈 라덴은 지도를 펼쳐 놓고 구체적인 계획을 설명했다. 술탄 황태자가 "이라크의 전차·항공기·생화학무기는 어떻게 할 것인가"라고 묻자 빈 라덴은 이렇게 답했다고 한다.

"우리는 신앙의 힘으로 격파해 보이겠다."

이러한 인연으로 빈 라덴과 술탄 황태자는 서로 흉금을 털어놓는 사이가 되었다. 그렇기 때문에 술탄 황태자는 수단으로 도망간 빈 라덴의 신상을 염려했다.

술탄 황태자는 사우디아라비아의 부호들이 빈 라덴에게 성금을 계속 보내고 있는 것을 알고도 묵인해 준 듯하다. 이를 미국은 언짢게 생각했지만, 빈 라덴에게 가는 성금은 비밀구좌를 통해 계속되었다.

그렇다고는 해도 사우디아라비아를 비롯하여 각지에서 일어난 과격파가 빈번하게 벌인 파괴활동의 군자금이 빈 라덴에게 보내는 성금으로도 충당되는 듯해서 사우디아라비아 왕실로서는 이러지도 못하고 저러지도 못하는 심정이었던 것 같다.

1999년 미국의 『USA투데이』는 이렇게 보도하고 있다.

미 정보당국 고위층의 이야기에 따르면, 작년 8월 케냐와 탄자니아의 미 대사관 동시파괴 사건의 배후로 지목되는 오사마 빈 라덴에게 사건 후에도 사우디아라비아의 유력한 부호 다섯 명이 수천만 달러에 이르는 자금을 계속 제공하고 있다. 자금제공은 5년 전부터 시작되었고 1995년에 에티오피아에서 발생한 무바라크 이집트 대통령 암살미수 사건 등 여러 건의 테러에 사용되었다고 한다. 올브라이트 국무장관은 다음 주 미국을 방문할 술탄 사우디 국방항공부 장관과의 회담에서 이 문제를 다룰 전망이다.

부호들이 런던과 뉴욕의 은행에 있는 오사마 빈 라덴의 비밀구좌로 송금한 사실이 발각된 것은 1999년 4월로, 송금에 협력한 은행관계자는 사우디 국내에서 연금상태에 놓이고 미국과 영국 양국의 수사대상이 되었다고 한다.

빈 라덴은 대사관 동시폭파 사건의 용의자로 뉴욕지방재판소에 기소되었다. 그래서 사우디아라비아 왕실은 미국의 올브라이트 국무장관과 유엔으로부터 "오사마 빈 라덴을 추방하라"는 강한 압력을 받으며 곤경에 처해 있는 술탄과 은밀히 교섭하여 그를 아프가니스탄으로 이동시키기로 했던 것이다.

그러나 사우디아라비아 왕실은 빈 라덴의 다른 이용방도를 생각하고 있었다. 다름아니라 그에게 밀명을 주어서 아프가니스탄으로 들여보내는 것이었다.

국민들이나 과격파의 눈을 국내의 모순으로부터 떼어놓기 위해서는 우선 과격파의 의식을 밖으로 돌릴 필요성이 있었다. 그 대표격이자 지도자인 빈 라덴은 안성맞춤인 존재였던 것이다. 어느 시대이든 내정으로 어려움을 겪는 정부가 외교에 힘을 기울여서 국민들의 의식을 국내모순에서 떼어놓기 위해 흔히 사용되는 방법이다.

사우디아라비아 왕실이 빈 라덴에게 부여한 밀명은 바로 '가스 파이프라인 건설이권'의 확보였다. 이 공작임무를 빈 라덴에게 맡기고자 했던 것이다.

사우디아라비아 왕실은 천연가스의 공급·판매 업무를 자국의 델타 석유 닌갈처 사에게 담당하게 해서 빈 라덴과 표리일체가 되어 대(對)탈레반 공작을 펼쳐나가도록 했다.

그러면 여기에서 사우드 가문의 가계도를 가지고 사우디아라비아 왕실의 복잡한 인간관계를 점검해 보기로 하자(〈그림 2〉 참조).

사우디아라비아 왕실에는 국왕을 정점으로 해서 여러 명의 황태자가 있다. 보통의 왕가에서는 황태자가 한 명이겠지만, 여기서는 사정이 다르다. 게다가 이들 황태자들이 정치의 실권을 분할해서 장악하고 있다는 점도 이 나라의 권력구조와 권력에 대한 이해를 어렵게 하는 대목이다.

예를 들어 사우디아라비아는 국군과 국가방위대라는 두 개의 군사조직을 두고 있는데, 국군은 파드 국왕과 술탄 국방항공부 장관이, 국가방위대는 압둘라 황태자가 각각 총괄한다. 표면적으로는 파드 국왕과 술탄 국방장관은 친미파이고 압둘라 황태자는 반미파·보수파 색채를 띤 것으로 알려져 있다. 단 이것도 확실히 단정하기 어려운데, 사실 여기에는 사우디아라비아 왕실의 단골메뉴인 이중외교의 비밀이 숨어 있다.

즉 압둘라 황태자의 처소에는 시리아의 아사드 대통령, 이집트의 무바라크 대통령, 요르단 국왕, PLO의 아라파트 의장 등 이슬람 국가들의 수뇌부로부터 전화가 온다고 한다. 압둘라 황태자는 이 국가들을 은밀히 지원하고 있는 것이다.

〈그림 2〉 아프가니스탄 문제를 복잡하게 만들고 있는 사우디 국내사정

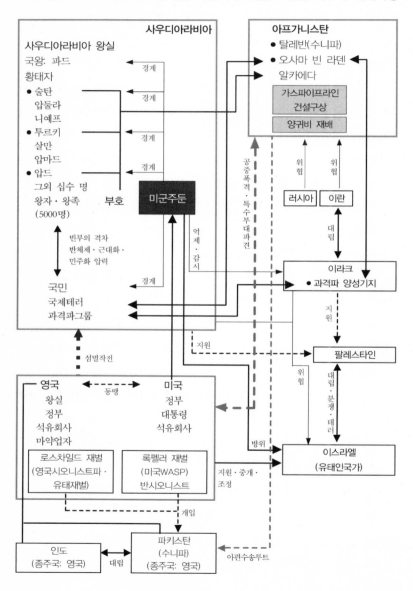

사우디아라비아

사우디아라비아 왕실

국왕: 파드
황태자
● 술탄
압둘라
니예프
● 투르키
살만
압마드
● 압드
그외 십수 명
왕자·왕족
(5000명)

부호

경계
경계
경계
경계

미군주둔

빈부의 격차
반체제·근대화·
민주화 압력

국민
국제테러
과격파그룹

경계

억제·감시

아프가니스탄
● 탈레반(수니파)
● 오사마 빈 라덴
알카에다

가스파이프라인
건설구상

양귀비 재배

공중폭격·특수부대파견

위협   위협

러시아 이란

대립

이라크
● 과격파 양성기지

지원

팔레스타인

위협

대립·분쟁·테러

섬멸작전

영국
왕실
정부
석유회사
마약업자

동맹

미국
정부
대통령
석유회사

로스차일드 재벌
(영국시오니스트파·
유태재벌)

록펠러 재벌
(미국WASP)
반시오니스트

지원

방위

지원·중개·조정

이스라엘
(유태인국가)

개입

인도
(종주국: 영국)

대립

파키스탄
(수니파)
(종주국: 영국)

아편수송루트

한편 미국과 관련해서는 예를 들어 클린턴 정권 시대에는 올브라이트 국방장관이 전화통화를 하는 상대는 술탄 국방장관이었다고 한다. 올브라이트 국무장관은 술탄 국방장관에게 탈레반 정권에 대한 지원이나 빈 라덴에 대한 지원을 항의했다.

또 투르키 황태자(전 통합정보국장)가 1980년대에 빈 라덴을 대(對)소련 전쟁의 첨병으로 이용한 사실은 공공연한 비밀로 되어 있다. 투르키 황태자는 사우디아라비아의 대(對)아프가니스탄 정책의 최고책임자였다.

사우디아라비아 왕실을 속박하는 미국의 작전

미국과 영국은 사우디아라비아 왕실의 이러한 복잡한 의도를 곧 간파하고 봉쇄하기로 획책했다.

제1단계 사우디아라비아 왕실의 의도를 좌절시키기 위해 탈레반에 시비를 거는 작전에 나섰다. 탈레반 정책에 대해 공공연히 트집을 잡은 것이다. 이 역할을 여성단체에게 부과하여 인권문제를 공격해 나가도록 했다.

제2단계 탈레반을 국제사회에서 고립시키는 작전이다. 이 역할은 올브라이트 국방장관에게 일임했다. 탈레반이 빈 라덴과 합류해서 손을 잡고 있었던 것도 탈레반을 공격하는 좋은 구실이 되었다.

제3단계 모든 국제테러사건을 깡그리 다 빈 라덴의 탓으로 돌리고 확실한 증거가 있든 없든 그를 숨겨주는 탈레반도 다함께 악한으로 몰아간다. 그리고 록펠러 재벌계와 로스차일드 재벌계의 매스컴을

총동원하여 많은 사람들의 의식 속에 "오사마 빈 라덴과 탈레반은 악한"이라는 이미지와 좋지 않은 감정을 심어준다. 나아가 유엔으로 인도할 것을 줄기차게 요구하고 그에 응하지 않으면 단호한 처분을 취할 자세를 계속 보인다.

제4단계　사우디아라비아 왕실을 향해 아프가니스탄에서 손을 떼라고 강요한다.

제5단계　사우디아라비아 왕실을 모욕하고 또 반체제활동을 해온 빈 라덴을 탈레반이 은닉해 주고 있는 데 대해 왕실이 격노하고 있는 것을 이유로 해서 사우디아라비아 왕실로 하여금 탈레반에게서 손을 떼게 한다.

제6단계　미국 국내나 해외의 미국 관계시설에 대한 테러공격을 구실로 해서, 탈레반이 응하지 않을 것을 예측하고 빈 라덴의 인도를 요구하며 거부하는 태도를 '유감'으로 해서 보복조치를 취한다. 그 경우 미국·영국 연합군에 의한 군사행동도 불사하며 공중폭격 등으로 단숨에 탈레반을 무너뜨린다. 또 이때 미국·영국 연합군에 인적 피해(전사상자가 나오는 것)를 최대한 피하기 위해 탈레반 축출에는 그들과 적대적으로 전투를 계속하고 있는 아프가니스탄의 북부동맹군을 투입하여 대리전쟁을 하게 한다.

제7단계　그 결과로 사우디아라비아 왕실의 아프가니스탄에 대한 야망을 완벽하게 봉쇄하고 이번의 전말을 이유로 해서 사우디아라비아 왕실의 자유를 영구히 구속해 버린다.

이상의 시나리오를 보면, 오사마 빈 라덴조차 미국의 꼭두각시 인형에 불과하고 부시 대통령이 연출한 드라마의 조연인 것처럼 생각된다.

다만 만만찮은 것이 사우디아라비아 왕실이다. 미국이나 영국의 이 정도 시나리오대로 사우디아라비아가 선선히 따를 리는 없을 것이다.

사우디아라비아는 미국이나 영국과의 오랜 외교경험에서 교묘한 외교수법을 구사하는 습성을 몸에 붙였다. 간단히 말해 '이중외교'를 태연자약하게 해내는 것이다. 미국이나 영국 같은 대국까지도 거뜬히 농락할 수 있다.

겉으로는 복종하는 체하면서 속으로는 반대하는 이른바 면종복배 (面從腹背)라는 말 그대로 사우디아라비아 왕실의 겉으로 드러나는 표정만으로는 그 마음속까지 파악할 수 없다. 탈레반 정권은 어렵지 않게 무너졌지만, 미국·영국과 사우디아라비아 왕실의 싸움은 지금부터이다.

아프가니스탄의 전 국왕을 은밀히 원조

사우디아라비아 왕실의 심상치 않은 처세는 미·영 양국군대의 아프가니스탄 공중폭격에서부터 탈레반 정권 붕괴에 이르기까지의 과정에서, 의외의 측면에서도 나타났다.

이슬람 국가들의 맹주를 자임하는 사우디아라비아 왕실이 망명생활을 하고 있던 자히르 샤 전 국왕과 가족, 다섯 명의 사촌 및 그 부양가족들에게 거의 28년 동안 재정지원을 계속해 왔다는 사실이 밝혀진 것이다.

2001년 10월 29일자 『요미우리신문』 조간에 이 이야기가 보도되었다. 이하에서 가장 주목할 만한 대목을 인용하여 소개해 두겠다.

전 국왕의 사촌이자 '측근 중의 측근'으로 알려진 압둘 와리 전 육군최고사령관에 따르면, 전 국왕에게는 "해외재산이라고는 단 1달러도 없었다"고 한다. 함께 망명길에 올랐던 가족과 다섯 명의 사촌 및 그 부양가족들의 생활을 어떻게 꾸려나갈 것인가가 이들에게는 당면과제였다. 와리 씨 자신도 처음에는 임대료와 전기세를 내는 것조차 어려웠다. 하지만 "전 국왕을 재정적으로 지원하는 그룹이 나타났다. 전 국왕은 우리의 생활도 지원해 주었다"고 밝힌다. 다른 측근들에 따르면, 재정지원을 한 것은 이슬람의 맹주를 자임하는 사우디아라비아 왕실이라고 한다. 와리 씨 자택은 수영장이 딸린 고급 아파트. 품위 있는 가구로 둘러싸여 있고 집사도 있어서 과거 왕족의 긍지를 지킬 만큼의 생활을 유지하고 있음을 짐작케 하였다.

자히르 샤 전 국왕은 이 신문기사가 나왔을 때 82세였다. 망명 후 28년 동안이나 사우디아라비아가 재정지원을 해주었다는 사실은 놀라우면서도 감동적이기까지 하다. 이에 반해 미국이나 영국은 자히르 샤 전 국왕이나 그 일족의 소식을 일절 아는 바도 없었으며 사실상 방치해 왔다.

그런데 완전히 태도가 돌변하여 "곧 아프간으로 돌아오게 하기 위해" 압력을 가했다고 한다. 또 미국이 '전 국왕을 제쳐놓고' 탈레반 온건파를 구슬리는 공작도 추진하였으며 게다가 "처음에는 유엔에 통치를 맡기는 구상"을 가지고 있는 등 전 국왕 주변의 감정을 자극하고 있는 모양이다.

이리하여 일본의 천황처럼 상징적일지라도 국왕이 복귀한다면, 그때 가장 은혜를 느끼고 가장 먼저 친교를 맺는 것은 아무래도 사우디아라비아 왕실을 빼놓고는 달리 없을 것이다. 그렇게 되면 사우디아라비아 왕실이 반격하게 될 것은 틀림없다.

　이 때문에 부시 대통령은 자히르 샤 전 국왕이나 그 일족을 꼭두각시 같은 존재로 삼아서 자신들의 생각대로 움직이게 할 음모를 이제부터라도 획책해 나가지 않으면 안 되게 된 것이다.

7. 알려지지 않은 시나리오의 행방

ABM조약을 탈퇴한 미국

아프가니스탄 전쟁이 종결되기 직전, 아연실색할 만한 뉴스가 날아 들어왔다.

2001년 12월 13일 오전(한국시각 14일 새벽) 부시 대통령이 탄도탄요격미사일(ABM) 제한조약에서 일방적으로 탈퇴한다는 사실을 러시아에 통고했다고 발표한 것이다. 그 이유는 미사일방위(MD)계획을 본격적으로 추진하기 위해서라고 했다. 그러면서 성명에서 이렇게 호소했다.

"이 조약은 우리 정부가 국민들을 장래의 테러리스트나 '불량국가'로부터 지키는 데 장애가 된다는 결론을 내렸다."

"조약이 서명되었던 당시는 지금과 전혀 다른 시대이다. 지금의 위협은 느닷없이 공격해 오는 테러리스트나 대량파괴 무기를 손에 넣으려고 하는 '불량국가'이다."

"미국과 러시아는 새로운 건설적인 관계를 쌓아왔다. 푸틴 대통령과 나는 이미 조약이탈 결정이 우리의 새로운 관계나 러시아의 안전보장에 장애가 되지 않는다…."

이날 미국 정부는 러시아 외에 조약을 계승한 우크라이나 등 구소련의 3개국에도 탈퇴를 통고했다. 조약의 규정으로 정식탈퇴는 통고한 지 6개월 후가 된다.

ABM조약을 탈퇴함으로써 부시 정권은 2002년부터 MD계획의 실험과 기지건설에 박차를 가하기 시작했다. 지금까지 규제되어 있던 해상이나 공중 발사 미사일요격무기를 사용한 실험도 수행하고 2002년 후반부터는 알래스카 주의 사령센터 등의 건설도 본격적으로 착공할 예정이라고 한다. 그리고 2004년에는 한정적인 초기배치를 실현시킬 방침인 것으로 알려졌다.

부시 대통령은 MD배치에 안달하고 있는 것 같은데, 이 배경에는 미국 정보당국이 파악하고 있는 정보가 크게 영향을 미치고 있다. 다름 아닌 "조선민주주의인민공화국(북한) 등은 2005년까지 사정거리가 미국에 이르는 미사일을 개발할 가능성이 있다"는 정보로서, 그전까지 MD를 배치한다는 단순명쾌한 논법이다.

2001년 12월 11일 부시 대통령은 "이라크나 조선민주주의인민공화국 등 테러조직이나 '불량국가'에 의한 미사일공격에 대비할 필요성이 명백해졌다"고 밝히면서 조약탈퇴 방침을 시사했다.

그러나 좀더 면밀하게 생각해 보면 동시다발테러에 대한 보복으로 출발한 대(對)테러 보복전쟁의 최종목표가 처음부터 'ABM제한조약으로부터 일방적인 탈퇴'가 아니었는가 생각되며, 마침내 부시 대통령이 정체를 드러냈다는 느낌이 강하다.

ABM제한조약은 미국과 구 소련이 맺은 조약으로서, 탄도미사일

공격을 미사일로 요격하는 무기체계의 배치를 제한한다는 내용이 골자를 이루고 있다. 이 무기는 1960년대에 개발되어 ABM(대탄도미사일)이라고 불리었다. 그렇지만 핵억지를 불안정하게 만든다는 위기감에서 1972년 미국과 구 소련은 수도와 대륙간탄도미사일(ICBM) 기지 두 군데로 한정하는 ABM조약을 조인하였으며 이어 1974년에 동 의정서에서 수도나 ICBM 기지 한 군데로 한정하기로 합의했다.

그러나 1983년에 레이건 대통령이 SDI(전략방위구상)를 제창하면서부터, 이 조약과 미국의 미사일방위구상이 상충하는 문제가 발생했다.

NMD(국가미사일방위) 계획의 경우, 미 의회가 "기술적으로 가능해지는 대로 신속하게 배치한다"는 법안을 가결하고 클린턴 대통령도 서명함으로써 이른바 미국의 국가정책으로 되었다. 본격적인 NMD에서는 두 군데의 요격기지가 필요하기 때문에 기지를 한 군데로 제한한 탄도탄요격미사일(ABM) 제한조약의 수정이 불가피해졌으며, 수정에 반대하는 러시아는 "그렇다면 과거의 군비관리조약도 모두 파기하겠다"며 들고일어났다.

그래서 클린턴 정권은 해외주둔 미군이나 동맹국을 방위하는 TMD(전역미사일방어)와 미국 본토를 방위하는 NMD로 구분하고, 이 가운데 TMD의 경우 1997년에 요격미사일 성능의 상한선을 정하고 그 이하는 조약의 규제를 받지 않는다는 데 합의했다.

그렇지만 부시 정권은 새로운 미사일방위(MD) 계획을 내어놓았다. 이것을 국방의 근간으로 설정하고서 알래스카 주에 지상배치형 요격미사일 시스템의 기지를 건설하는 계획을 세웠으며 또한 조약에서 금지하고 있는 해상배치 요격 시스템의 실험을 계획하는 등 조약

개폐를 꾀했다. 이에 대해 러시아나 중국이 반발했기 때문에 미국과 러시아는 각료나 전문가들 사이에서 계속 교섭을 하고 있었다.

이런 와중에 부시 대통령은 본래 미국과 러시아이라는 대국간의 공격·요격이라는 국가방위 수단이었을 터인 조약에 대해서, "불시에 공격해 오는 테러리스트나 대량파괴 무기를 손에 넣으려고 하는 '불량국가'로부터 국가를 지킨다"라는 새로운 이유를 내세워 조약탈퇴를 통고한 것이다.

요컨대 동시다발 테러사건을 단번에 '전쟁'으로 비화시키기 시작한 이번의 전쟁을 뜻밖의 행운으로 삼으려는, 일테면 이를 기화로 해서 ABM조약에서 탈퇴하고 MD계획의 추진으로 돌진하려는 자세이다. '테러' '불량국가'에 대한 공포감을 조장하여 러시아를 따돌리는, 흡사 고식적인 치고 빠지는 행위였다.

부시 정권, 특히 국방부·군부와 군수산업은 무슨 일이 있어도 'MD계획을 추진'하고 싶어했다. 그 강한 요청을 배경으로 해서 부시 대통령의 욕망이 표출되었다고도 말할 수 있을 것이다. 이것이야말로 MD계획에 의한 세계 일국 지배하에서 '죽음의 상인'을 살찌우게 하려는 음모에 다름 아닌 것이다.

군수산업을 살찌우는 정책의 결정

미 본토 미사일방어(NMD)는 "탄환으로 탄환을 쏘아 떨어트린다"는 식의 미사일방위의 극치이다.

2000년 1월 태평양 퀘젤린 환초에서 실시한 NMD 요격실험은 실패로 끝났으며 클린턴 대통령은 실제로 이 계획의 추진에 소극적이었다.

군사전문가들 사이에서도 "기술적으로 가능한지 여부가 확인되지 않은 NMD에 거액을 쏟아붓는다는 것은 어리석다"고 지적되었다.

또 노벨상 수상자 50명으로 구성된 집단이 클린턴 대통령에게 보낸 서한에서 "NMD시스템은 방어효과가 거의 없을 뿐 아니라 미국의 안전보장상의 이익의 핵심에 중대한 악영향을 미치게 된다"면서 중지할 것을 요청했다.

그럼에도 IT혁명과 금융혁명으로 사상 유례 없는 번영을 구가하던 당시의 미국으로서는 "2015년까지 600억 달러(미 의회 예산국 계산)라는 개발·배치 비용은 그리 중대한 문제가 아니다"라고 호언하는 목소리가 지배적이었다.

NMD개발은 소련이 붕괴한 후 유일한 초강대국이 된 미국이 '초·초강대국'으로 탈바꿈하는 데 있어서 '마하의 벽'과 같은 내용을 지니고 있었기 때문이다.

부시 대통령이 역설하고 있듯이, 소련이 붕괴하고 소련군으로부터 핵공격을 받을 위기의 시대가 끝난 것은 확실하다.

한편 ABM조약에서 탈퇴하더라도 테러리스트나 미국이 말하는 '불량국가'로 지목되고 있는 조선민주주의인민공화국(북한), 이라크 등에 대항하는 것으로서 MD는 결정타가 되리라는 점은 쉽게 예상할 수 있다.

그러나 부시 대통령이 MD를 배치하면 러시아나 중국이 핵전투력을 강화하는 것은 피할 수 없으며 미국에 대한 미사일공격이라는 새로운 위협이 오히려 고조될 위험이 발생하게 된다. 미국이 보이지 않는 방패로 영공을 뒤덮는 이미지에 의해 미국과 러시아·중국의 힘 관계에 악영향을 미칠 가능성이 있는 것이다.

이러한 움직임 속에서 중국이 미국의 MD완성 후를 대비해서 급속도로 군비를 증강할 경우 이웃나라인 인도 역시 가만히 보고만 있지는 않을 것이다. 이렇게 되면 긴박한 군사국경 분쟁으로 인도와 공방을 거듭하고 있는 파키스탄도 필시 군비증강에 나서게 될 것은 불을 보듯 뻔하다.

테러리스트나 '불량국가'도 MD를 무력화할 대항책을 당연히 궁리할 것이며 MD를 축으로 해서 새로운 군비확장 경쟁이 일어날 위험도 생겨날 게 틀림없다.

여기에서는 전역(戰域)미사일방위(TMD) 수준에서 미국과 공동연구를 하게 되어 있는 일본에도 당연히 영향이 미친다.

그렇지만 "조선민주주의인민공화국(북한) 등은 2005년까지 사정거리가 미국에 이르는 미사일을 개발할 가능성이 있다"는 정보당국의 정보에 대해서 이 정도로까지 신경질적으로 반응하며 MD계획의 추진을 서두를 필요성이 과연 있었던 것일까.

클린턴 대통령 시대 한반도에서는 한국과 조선민주주의인민공화국의 역사적인 남북정상회담이 개최되어, 위협의 원천이랄 수 있는 한반도의 긴장이 완화되고 있었는데 부시 정권으로 교체되자마자 조선민주주의인민공화국에 냉담해지는 것도 이해되지 않는 대목이다.

이러한 것을 모두 알고서도 부시 대통령은 ABM조약을 탈퇴해서까지 MD계획을 추진하는 길을 선택했을 것이다.

왜 그 정도로까지 MD계획의 추진에 열을 올리는 것일까. 아무튼 MD계획의 추진으로 나아갈 수밖에 없는 특별한 이유가, 테러리스트나 '불량국가' 이외에 또 있는 것은 아닐까.

테러리스트나 '불량국가'라는 악한을 막무가내로 몰아붙이고 전세계에 위기를 불러일으킬 위험조차도 고려치 않으면서 자신들의 지지기반인 군수산업을 살찌우려는 속셈이 역시 훤히 들여다보인다.

빈 라덴의 비디오를 철저하게 이용

부시 대통령은 ABM조약 탈퇴 통고와 MD계획 추진을 밝힌 바로 그날, 오사마 빈 라덴이 테러사건을 회상하는 비디오테이프를 공개한다.

이것은 약 1시간 짜리 비디오로, 2001년 11월 중순에 아프가니스탄의 칸다하르로 짐작되는 장소에서 방안에 가득 찬 지지자들에게 이야기하는 모습을 촬영한 것으로 보이며, 자자라바드의 개인주택에서 압수했다고 미국 정부는 설명하고 있다.

오사마 빈 라덴은 사우디아라비아에서 모셔온 성직자를 상대로 해서 아라비아어로 사건을 회상하고 있으며, 발언 중에서 주목되는 대목은 다음과 같다.

"우리는 사전에 타워(뉴욕의 세계무역센터 빌딩)의 위치를 근거로 해서 죽게 될 적의 사상자를 계산했다."

"(민간항공기가) 부딪치는 것은 빌딩의 3층 부분이나 4층 부분이라고 계산했다. 내가 가장 낙관적이었는데, 화재가 빌딩의 철제골조를 녹이고 비행기가 부딪친 지점과 그 위층만이 붕괴할 것이라고 생각했다. 우리가 바라는 것은 최대한 그 정도였다."

"(자살테러가 이루어진) 그전 목요일에 사건이 그날 일어날 것이라는 통고를 받았다."

"최초의 비행기가 빌딩에 부딪쳤을 때 모두 크게 기뻐했지만 나는 그들에게 '아직 기다려봅시다' 하고 말했다."

이와 같은 비디오테이프의 발언에 대해서 미국 정부는 "빈 라덴이 사건에 직접 관여했음을 보여주는 결정적인 증거이다"고 주장한다.

그러나 이 비디오의 신빙성은 차치하고서라도 미국 정부가 압수했다는 시기로부터 상당 시간이 지나서, 게다가 ABM조약 탈퇴 통고와 MD계획 추진을 표명한 날에 공표했다는 것이 아무리 보아도 의심스럽기 짝이 없다. 왜 이날을 택하지 않으면 안 되었던 것일까.

"지금의 위협은 불시에 공격해 오는 테러리스트나 대량파괴 무기를 손에 넣으려고 하는 '불량국가'이다"라는 ABM조약 탈퇴의 이유를 보강하기 위해서 의도적으로 이 비디오를 공개했다고 여겨진다.

우선 부시 대통령은 2001년 10월 8일 미군에 공중폭격 명령을 내리기 전에, 북대서양조약기구(NATO) 가맹국을 비롯하여 일본, 러시아, 중국 등 주요 국가들에게 "빈 라덴이 동시다발테러의 배후인물임을 보여주는 증거"를 내어놓았어야 했을 것이다.

그럼에도 불구하고 아프가니스탄 전쟁이 종결되어 가고 있는 단계에서 의도적으로 새삼스럽게 결정적인 증거를 내어놓는다는 것은 도저히 이해가 되지 않는다.

게다가 비디오의 빈 라덴 발언을 분석해 보면 "그전 목요일에 사건이 그날 일어날 것이라는 통고를 받았다"고 말하고 있을 뿐, 빈 라덴 자신이 비행기 4대의 탈취와 자살폭탄 테러 감행을 명령했다고는 말하지 않고 있다.

주모자는 따로 있고, 그곳으로부터 혹은 관계자로부터 혹은 간접 정보로서 정보를 얻었을 가능성도 충분히 남아 있으며 이 발언만을 가지고 "빈 라덴이 사건에 직접적으로 관여한 것을 보여주는 결정적인 증거"라고는 단언할 수 없다.

또 미국은 ABM조약 탈퇴 통고와 MD계획 추진의 표명, 빈 라덴의 비디오 공개에 마치 맞추기라도 한 듯이, 에너지부가 태평양 시각으로 13일 오후 1시(한국시각 14일 오전 6시)에 네바다주의 실험장에서 지하·미임계 핵실험을 실시했다고 발표한다.

부시 정권하에서는 두번째, 1997년 7월 이후로는 통산 열다섯번째 핵실험이었다. 이것은 매스컴의 눈을 딴 데로 돌리고 비판의 화살을 피하려고 한 것으로, 확실히 고식적인 행위였다.

빈 라덴의 비디오를 철저하게 이용해서 '대(對)테러 대책'을 구실로 삼으면 무엇이든지 허용되고 그 어떤 것도 막무가내로 밀어붙일 수 있다는 의도가 역력히 드러난다.

중국을 감시·견제하는 의도

그뿐 아니다. 미국은 테러리스트나 '불량국가'로부터의 방위를 표면적인 이유로 내세우면서 그 이면에서 사실은 중국 인민해방군을 의식하고 있는 것으로 보인다.

왜냐하면 중국이 요 몇 년 동안 군사적 확장주의에 입각해서 서서히 군비를 확장해 나가고 있기 때문이다. 부시 정권은 아시아에서의 '중국의 패권'을 경계하고 있는 것이다.

현재 중국은 미국 본토까지 닿는 성능을 지닌 대륙간탄도미사일(ICBM) 20기를 보유하고 있다. 1950년대에는 호전적인 미국에 억눌려 있던 상황이었지만, 1964년에 핵폭탄을 개발한 이래 중국은 핵보유국으로서 군사대국의 대열에 들어갔으며 마치 '잠자는 호랑이'처럼 조심스럽게 다루어야 할 존재가 되었다.

미국은 한국에 미군을 주둔시키고 있는데다 베트남전쟁에서 패배한 후 베트남 정부와 관계를 개선하여 캄란 만에 면한 지역에 해군기지를 건설해서 중국 인민해방군의 움직임을 견제해 왔다. 한반도와 인도차이나 반도는 대국 중국으로서는 신체로 말하면 오른팔과 왼팔에 해당하며 과거부터 아시아에서의 패권을 확보하는 데 있어서 중요한 지역으로 간주되어 왔다.

미국은 그 양쪽 팔에 미군기지를 두고서 목구멍 안쪽 깊숙한 곳에 칼을 들이대는 형국으로 견제하고 있는 것이다.

또 한 가지, 미국은 우선 대만을 지배함으로써 중국의 목구멍 정면에서도 칼을 들이대고 있었다. 이러한 미국의 기본적인 대(對)중국 군사전략의 흐름에 입각해서 한 걸음 더 나아가 부시 대통령은 중국 정부가 견지하려는 '하나의 중국정책'을 통해서 위협하는 새로운 전략으로 대응하고 있다.

다름아니라 중앙아시아로부터 중국 정부에 비수를 들이대는 것과 같은 전략의 전개이다. 위구르인들이 격렬하게 독립운동을 하고 있는 신장위구르자치구에 친히 개입의 손길을 뻗치려고 획책하는 것이다.

중국 정부 쪽에서 볼 때 '하나의 중국정책'은 아킬레스건이다. 소수민족이 많은 중국은 대만·내몽고·티베트·신장위구르자치구·동북부(구 만주) 등지에서 독립운동이 불타 오르는 것을 극도로 두려워하고 있다.

미국은 시어도어 루스벨트 대통령, 우드로 윌슨 대통령 이래 민족자결을 높이 내걸고 세계 각지의 민족독립과 민족자치를 국시로 해왔다. 이 입장에서 보면, '하나의 중국'은 국시에 위배되는 정책으로 비치며, 이 때문에 중국의 서쪽 중앙아시아에서 신장위구르자치구 위구르인의 독립운동을 지원하여 중국 정부를 뒤흔들어 놓으려는 충동에 사로잡혀 있는 것 같다.

　미국은 신흥산유국인 중앙아시아·카스피해·카프카스 국가들에서 석유·천연가스 자원의 이권을 구축하는 동시에 중국에 대한 정략을 추진하는 데 있어서 가장 유리한 거점을 중앙아시아에 마련하려고 한다.

　맨 처음 노린 것이 우즈베키스탄이며 다음으로 카자흐스탄이다. 이번의 아프가니스탄 전쟁의 막바지 국면에서 파월 국무장관이 이 두 나라를 방문하여 미군기지를 건설한다는 약속을 얻어냈다.

　미군기지가 세워지면 당연히 기지를 지킨다는 명목으로 CIA요원들을 배치할 수 있게 된다. 이 국가들이 시장으로 성장해 가는 과정에서 석유업자들을 비롯하여 백인들이 득실거리게 되면, CIA요원들이 비즈니스맨으로 가장하여 정보활동이나 정략공작을 하기 쉬운 상황이 조성될 것이다. 바야흐로 CIA 솜씨가 발휘될 시대가 도래하게 된다는 것이다. 즉 중국 정부가 두려워하고 싫어하는 소수민족의 독립운동에도 손쉽게 개입해서 공작할 수도 있게 된다.

　신장위구르자치구의 위구르인 독립운동이 나아가 티베트에서 내몽고, 중국 동북부까지 퍼져나갈 가능성이 있으며 미국이 그것을 뒤에서 지원하는 구도이다.

　뿐만 아니라 미국은 만의 하나 중국 인민해방군이 미국 대륙을 향해서 미사일을 발사하는 그런 사태에 대비하여 MD계획의 추진에 따라 공중에서도 중국 인민해방군의 움직임을 견제할 수 있게 되는 것이다.

　이렇게 보면 만만치 않은 존재인 중국 이상으로 만만치 않은 존재가 미국이며 부시 대통령이 그중 으뜸 위치에 있는 셈이다.

자위대에 의한 최초의 군사지원

이번의 전쟁개시 때 미국의 아미티지 국무부 부장관은 일본 정부를 향해 "일본은 입장을 선명히 하라"(Show the flag)고 발언했다고 한다.

이에 곧바로 응해서 일본은 '테러대책특별조치법'을 국회에서 성립시켰다. 확실히 소 잃고 외양간 고치는 식으로 쩔쩔매며 허둥대었지만 이 법률에 의해서 일본은 자위대 발족 이래 처음으로 다른 나라 군대에 대한 군사지원을 하게 되었다.

육해공 3군 자위대의 최고지휘관인 고이즈미 준이치로 수상은 2001년 11월 25일 테러대책특별조치법에 근거하여 미군 후방지원의 난민구호물자를 수송하기 위해 해상자위대의 보급함 '도와다'와 소해모함(掃海母艦) '우라가' 두 함선을 지키는 호위함 '사와기리' 세척(총 440명의 대원)을 히로시마 현 구레 시, 가나가와 현 요코스카 시, 나가사키 현 사세보 시, 세 군데 기지에서 출항시켰다. 그후 곧이어 고이즈미 수상은 미리 인도양에 파견하여 정보수집활동을 담당케 했던 호위함 '구라마'와 보급함 '기리사마'에도 후방지원을 할 것을 명령했다.

일본의 함선은 아라비아해의 미 항공모함 전투에 대한 급유·연료조달 등의 후방지원 임무를 수행하는 등 인도양과 아라비아해의 공해상에서 '해군기'(욱일승천기)를 나부끼며 그 존재를 과시했다.

일본의 이 같은 함선파견은 단순한 미군 후방지원의 난민구호물자 수송이 아니었다. 일본의 생명선이라고도 할 수 있는 에너지 자원의 새로운 루트 확보가 국제적으로 보장되는 순간이기도 했다.

왜냐하면 일본의 석유회사 2개사가 투르크메니스탄에서 산출되는 석유·천연가스와 이것을 아프가니스탄을 경유해서 파키스탄 나아가 인도로 수송하는 파이프라인을 건설하기 위해 미국 석유회사인 유노칼사를 중심으로 설립된 세인트 가스 사에 출자했기 때문이다.

일본은 미국의 요청을 받은 이상 미군의 군사행동에 협력하지 않을 수 없는 입장에 놓여 있으며, 만약 요청을 거부하면 이 천연가스를 제공받기가 어려워진다는 우려가 있었다.

일본의 석유비축량은 90일, 액화천연가스는 30일로 알려져 있다. 만약 사우디아라비아를 중심으로 한 산유국들로부터 석유·액화천연가스의 공급이 끊어지면 이 정도밖에 버티지 못한다는 것이다. 일본이 매우 위험한 길을 걷고 있는 것은 틀림없다. 이 때문에 일본의 석유회사들은 석유·천연가스 자원을 찾아서 세계 각지에서 열심히 활약하고 있는 것이다.

에너지 자원과 군사력은 항상 불가분의 관계에 있으며 자원쟁탈전은 때때로 무력을 수반하는 경우가 많다. 궁극적으로는 힘이 센 쪽이 승리하여 원하는 자원을 손에 넣고 자원에 대한 이권을 획득할 수 있는 것이다. 결국 에너지 자원에 관여하는 사람들의 안전을 지켜주는 최후의 보루는 무력밖에 없다.

일본은 해상자위대의 호위함이나 보급함, 소해함을 인도양과 아라비아해로 출항시켜 일장기를 펄럭이며 미군을 지원함으로써 석유·천연가스에 대한 이권을 확실하게 보장받을 수 있었던 것이다. 이것이 일장기를 내보이며 얻은 것이었다.

이런 의미에서 해상자위대는 엄청난 공헌을 했다고도 할 수 있다. 즉 일본 국민에게 없어서는 안 되는 에너지 자원을 확보하여 생명선을 유지하는 임무를 수행한 것이다. 자위대 파견은 이른바 일본의 에너지 자원 확보를 위해서 일본 국민이 지불하지 않으면 안 되는 비용이었다고 할 수 있을 것이다.

또 이 파이프라인 건설 이권을 둘러싼 쟁탈전에서 일본의 국제석유개발주식회사(구 인도네시아석유)와 이토쓰석유개발주식회사가 열심히 분투해 온 사실을 우리는 잊어서는 안 된다.

일본에 요구되는 권력분담(power sharing)

앞에서 언급한 「아미티지 보고서」에서는, 부시 정권이 수립된 후의 전쟁을 염두에 두고서 '일본과의 제휴·협력 관계'를 긴밀하게 해둘 필요성을 강조하고 있다. 이와 같은 의식이 노골적이고도 선명하게 배어나는 대목이 '안전보장' 항목의 다음과 같은 서술이다.

일본의 집단적 자위의 금지는 미·일의 동맹협력에서 족쇄가 되고 있다. 이 금지를 해제하면 훨씬 긴밀하면서도 훨씬 유리한 안보동맹이 될 것이다. 단 그와 같은 결정은 일본 국민들만이 할 수 있다. 미국은 일본의 안전보장 정책을 특징짓고 있는 내정상의 모든 결정을 존중해 왔으며 앞으로도 대등한 파트너가 되는 것을 환영하는 바임을 명확히 밝혀두어야 할 것이다.

간단히 말해 아시아에서 예상되는 전쟁이 네 군데 지역의 어디에서든 일어날지라도 대응할 수 있게 일본과 미국이 공동작전을 취할 수 있는 준비를 해두어야 한다는 의미이다. 특히 일본측의 체제정비를 요구하는 내용으로 되어 있다.

우리는 미국과 영국 같은 특별한 관계가 미일동맹의 모델이라고 생각한다. 이를 위해서는 다음과 같은 요소가 요구된다. 상호 방위책임의 확인. 미국은 일본 및 센카쿠(尖閣) 열도를 포함한 일본의 행정관할 아래에 있는 지역의 방위책임 재확인. 신 가이드라인의 성실한 이행. 유사시에 대비한 법제의 국회통과를 포함함. 미국 3군과 육·해·공 자위대의 긴밀한 협력과 시설의 공동사용, 훈련의 통합을 추진하며 1981년에 양군이 합의한 역할과 임무(레이건·스즈키 공동성명 때 처음으로 등장한 동맹관계와 1천 해리 방위)를 회복하고 갱신해야 한다. 또한 낡은 패턴을 탈피하고 실질적인 훈련이 이루어질 수 있도록 투자하지 않으면 안 된다.

나아가 새로운 난제에 대해서 서로 지원하고 평화유지나 평화창출 활동에서 협력하는 방법을 설정해야 한다. 새로운 난제란 국제테러나 국경을 뛰어넘는 범죄, 장기간에 걸친 잠재적인 위협 등이다.

평화유지 활동이나 인명구제 임무에 대한 완전한 참가. 이를 위해서 일본은 이러한 활동에의 참여와 관련해서 1992년에 설정된 제약(PKF의 위험한 본대임무에의 참가 동결)을 제거해야 한다. 다른 참가국에 부담을 끼쳐서는 안 되기 때문이다.

이 서술 중에서 '새로운 난제'에 대한 대비를 제안하는 대목에 이르면 눈이 번쩍 뜨인다. 다시 말해 "국제테러나 국경을 뛰어넘는 범죄, 장기간에 걸친 잠재적인 위협 등"이라고 쓰고 있는데, 마치 오늘날을 단순히 예측하는 것이 아니라 예언하고 있는 듯한 표현이기 때문이다.

확실히 요 몇 년 사이에 세계 각지에서 국제테러가 자주 발생한 점에서 보면 지극히 당연한 표현이겠지만, 결코 그 정도로 가벼운 성질의 것이 아니다. 헤겔의 변증법에서도 잘 알려지고 있듯이 에너지를 계속 가하면 '양이 질로 전환'해서 '물이 증기가 되는' 것처럼 국제테러가 질적으로 대변화를 일으키는 순간이 온다는 것은 예측되었다. 그러한 일대 사건이 발생할 때를 위해서 이 보고서는 일본과의 동맹관계 형태까지 제시하고 있다.

우리가 제창한 일본의 역할 확대와 관련해서 앞으로 미국과 일본 사이에서 유익한 논의가 활발하게 이루어질 것이다. 그때 미 정부당국자나 의원들은 일본의 정책이 그 어떤 경우에든 미국의 정책과 반드시 동일하지는 않다는 사실을 명심해야 할 것이다. 바야흐로 비용분담(burden sharing)이 권력분담(power sharing)으로 진화해야 할 시기이다. 미국의 차기 정권은 이 문제에 시간을 투여해야 한다. 그 실현을 위해서는 반드시 필요하기 때문이다.

「아미티지 보고서」를 받아들여서 일본에서는 자민당 국방위원회가 '집단자위권의 행사' 문제에서부터 나아가 '방위청의 국방성으로의 승격'과 '헌법개정' 문제까지 파고들어서 검토를 거듭하여 자민당의 제언을 정리하였다.

걸프전이 발발한 지 10년 후 일본은 미국의 요청을 받아서 테러대책특별조치법을 제정하고 급기야 해상자위대를 파견하여 미군을 후방지원하기에 이르렀다. 시대의 빠른 속도를 통감하지 않을 수 없다.

미국은 해상자위대 이지스함 출동을 일본 정부에 기대했다가 실현되지 않은 데 대해 실망하고 있지만, 일본에 PKF참가를 착수하게 하였고 록히드 마틴 사 제품의 신형 전투기를 나카다니 전 방위청장관에게 팔고 NMD계획을 위해 막대한 자금을 제공하게 하였는가 하면 아프가니스탄 부흥의 최대 스폰서를 일본에 맡기려고 한다.

또 고이즈미 수상에게 일본국 헌법개정 준비를 서두를 것을 재촉하고 있는 실정이다. 대테러 보복전쟁에 협력하는 정책을 앞장서서 추진해 온 고이즈미 수상이나 후쿠타 관방장관은 이제부터가 가장 중요한 고비이다.

현실성을 띠는 일본에 대한 전투요청

일본은 '자금만의 국제공헌'에서 '청년들의 피를 흘리는 국제공헌' 으로 나아갔으며 미국을 대신해서 선봉을 맡는, 본격적으로 전쟁을 하는 국가로 단숨에 변모해 가고 있다. 이 예감이 현실로 되는 날은 그리 멀지는 않은 듯하다.

「아미티지 보고서」가 밝히고 있는 '아시아에서의 네 군데 전쟁터' 는 모두 다 일본과 밀접한 관계가 있는 지역이다.

4개의 전쟁터란 한반도, 대만해협, 인도네시아, 인도·아시아 대륙 이다.

이 네 지역 가운데 인도·아시아 대륙의 경우 이번의 아프가니스 탄 전쟁으로 「아미티지 보고서」의 예측이 이미 현실화되고 있다.

한반도는 일본과 가장 가까이 있으며 제2차 한국전쟁이라도 일어 나면 불똥이 일본으로 튈 위험이 있다.

제2차 한국전쟁의 형태는 아니라 할지라도, 부시 정권이 조선인민 민주주의 공화국을 '불량국가'라고 부르는데다 테러 지원국가로 적 대시하고 있고 또 아프가니스탄과 마찬가지로 부시 대통령이 테러박 멸을 이유로 북한에 공중폭격을 명령하는 그런 사태가 일어나면 일 본은 이것을 강 건너 불 구경하듯이 방관하고 있을 수 없게 된다.

또한 대만해협과 인도네시아는 일본의 자원확보에 절대적으로 필요한 생명선의 하나인 항로(sea lane)에 근접해 있다.

이 가운데 특히 인도네시아와 관련해서는 난사(南沙)제도가 발화점이 될 위험이 있다. 남중국해에 흩어져 있는 난사제도가 엄청난 양의 석유 매장지로 유력시되면서, 중국·필리핀·베트남·대만·말레이시아·브루나이 6개국이 전체 지역 및 일부 지역의 영유권을 주장하고 나섬에 따라 이해관계가 첨예하게 충돌하고 있기 때문이다. 바야흐로 이 지역에서 석유자원 쟁탈전이 펼쳐지고 있는 것이다.

중국은 막강한 군사력을 배경으로 해서 환초 등에 건조물이나 영유권을 주장하는 표지를 잇따라 세우는 등 강경 조치로 나가고 있다. 이 때문에 필리핀·베트남·대만·말레이시아·브루나이 5개국은 각각 "중국에 실효 지배의 기정사실화를 허용하지 않겠다"며 경계하고 있어서 긴장이 고조되고 있다.

'동남아시아국가연합'(ASEAN)은 1992년 마닐라에서 개최된 외무장관회의에서 "남중국해에 관한 특별선언"을 채택하였는데, 여기서는 영토문제의 평화적 해결과 공동개발을 제안하고 있다.

하지만 중국은 양국간 협의를 전면에 내세우고 있어서 ASEAN이 요구하는 그와 같은 관계국들간의 공동개발의 실현과는 거리가 멀다. 그뿐 아니라 1997년 4월 하순 필리핀이 영유권을 주장하고 있는 난사제도 부근에서 중국 군함이 확인되어 필리핀 정부는 "평화해결을 지향하는 양국간 합의에 위반하는 행위"라고 강하게 비난했다. 중국측은 필리핀측의 항의를 받고 군함을 철수시켰다.

그후 스카버러(Scarborough) 환초에서도 영유권 싸움이 일어난다. 스카버러 환초는 루손 섬 산발레스 주의 서쪽 약 200km에 위치해 있어서 아슬아슬하게 난사제도에는 포함되지 않지만, 필리핀 국회의원과 저널리스트들이 중국측의 행동에 항의하여 상륙하면서부터 난사제도 문제의 불똥이 튀었다.

중국이 "역사적으로 볼 때 중국 영토이다"고 주장하면서 상륙행위에 대해 항의를 하면 필리핀은 "이 환초는 난사제도와는 다르다. 영해 내에 있는 것이 명백하다"고 응수했다.

이 결과 필리핀은 공동개발 의사도 부정하고 공군과 해군의 방비를 강화하기 시작하였으며, 사건의 추이에 따라서는 중국과 필리핀의 무력충돌로까지 비화할 위험을 내재하고 있다.

이들 지역의 어디에서든 본격적인 전쟁이 발생했을 경우, 일본은 미군보다 앞서서 전쟁터에 뛰어들라는 요청을 받을 수도 있다. 미국은 베트남전쟁에서 수많은 장병들이 전사하고 부상당한 이후로 자국군인을 직접 전쟁터에 투입하는 전투방식을 피하고 있다. 걸프전쟁에서도, 이번의 전쟁에서도 주로 공중폭격으로써 병력소모를 줄이는 식이었다.

그 대신 현지의 무장집단이나 다른 나라 병력을 최전선에 내세워서 싸우는, 이른바 대리전쟁을 수행하는 방식을 취하고 있다.

일본이 유사시 입법을 정비하고 나아가 해외파병을 용이하게 하는 법 정비 혹은 헌법개정을 하면 그때는 미국이 자위대에다 선두에 서서 싸우는 대리전쟁을 당당하게 요청하게 될 것이다.

「아미티지 보고서」를 읽으면 이와 같은 미국의 교활한 음모가 행간과 행간 사이에서 배어나는 것을 느끼지 않을 수 없다.

아프가니스탄에 하루빨리 평화와 안정을

"9월 11일과 12월 7일 두 날짜는 앞으로 영원히 나란히 서 있게 될 것이다."

2001년 12월 7일(한국시각 8일) 부시 대통령은 구 일본해군의 진주만 공격 60주년 기념식장에서 이렇게 말했다. 구 일본해군의 공격으로 미국의 장병 2403명이 사망하였고 미국은 일본과의 태평양전쟁에 돌입했다.

그 두 나라가 지금은 동맹국이 되어 있는 것도 불가사의하다. 부시 대통령은 이 사실을 강조하고 싶었던 모양이다. 즉 아프가니스탄도 일본과 똑같이 된다는 의미이다.

맹렬한 공중폭격으로 탈레반 정권을 타도한 부시 대통령은 아프가니스탄에 하루빨리 친미정권을 수립하고 평화와 안정을 구축할 단계에 들어갔다. 그리고 곧바로 잠정정권의 수립을 목표로 했다.

이 잠정정권 구성을 논의하는 아프가니스탄 각파의 대표회의가 2001년 11월 27일부터 일주일 일정으로 독일 본에서 개최되었다. 산파역은 브라히미 유엔특사가 맡았다.

대표회의에는 탈레반의 숙적 북부동맹(타지크인, 우즈베크인, 하잘라인), 이탈리아에 망명해 있는 자히르 샤 전 국왕을 지지하는 로마클럽(파슈툰인), 국외망명·국외주재 페샤와르 클럽, 키프러스 클럽 등이 참가했다.

같은 해 12월 22일에는 잠정 행정기구가 수립되고 카이잘이 의장(수상에 해당)에 취임한다. 2002년 1월 21, 22일 이틀 동안 아프간부흥지원 각료급회의가 도쿄에서 개최되었다.

그렇지만 아프가니스탄의 최대세력인 탈레반의 일부가 정권파괴 후에 게릴라전에 돌입했기 때문에 평화롭고 안정된 사회를 조성하기에는 아직 가야 할 길이 먼 상황이다.

부시 대통령이 중앙아시아의 석유·천연가스 이권과 아프가니스탄의 가스 파이프라인 건설 이권을 확실히 수중에 넣기란 그리 간단하지가 않다.

게릴라전에 의한 테러활동으로 골치를 썩일 것은 확실하며 양귀비 재배지대를 완전히 장악하는 데도 상당한 시간이 걸리는 듯하다.

본격적인 정권을 수립하고 아프가니스탄에 평화와 안정을 구축하기 위해서는 뭐니뭐니해도 치안유지가 보장되는 것이 대전제이다. 그리고 치안유지에는 경찰력의 확립이 필요하다. 게다가 우선 군사력에 의해 강제적으로 치안을 확보한 다음에 경찰을 전국 규모와 지방 규모 양 차원에서 조직화해야 한다.

그런데 그 토대가 되는 강제적인 치안확보가 쉽지 않다. 그것은 영·미연합군이 아프가니스탄에서 '국토의 점령'을 수행하지 않고 있기 때문이다.

전쟁이라는 것은 국토점령으로써 종료된다. 아무리 맹렬하게 공중폭격을 하고 특수작전을 투입해서 전략적인 우위를 확보할 수 있었다 할지라도 실제로 국토를 지배하지 못하면 전술적으로는 완전승리를 얻은 것이 아니다.

미국이나 영국은 자국병사의 소모를 피하기 위해서 압도적인 수의 지상군을 파견하지 않고 북부동맹에 대리전쟁을 하게 하는, 어정쩡한 군사활동을 추진해 왔다. 그 때문에 국토점령까지 이루지 못한 것이다. 이러한 엉거주춤한 방식으로는 신속하게 치안유지를 확립하기가 어렵다.

이 점은 제2차 세계대전에서 패배하고 무조건 항복한 일본의 예를 떠올리면 쉽게 이해할 수 있을 것이다. 일본국토를 점령한 연합군 진주군의 위압력은 상당했다. 충분히 훈련된 병사들의 치안유지 활동으로 일본은 평화와 안정을 되찾았으며, 그 위에서 일본은 국가경찰과 자치체 경찰을 조직하였고 경찰들에게 자유와 민주주의에 입각한 철저한 교육훈련을 실시하여 우수한 경찰조직을 만들어나갔다.

한때 국토의 90%를 실질적으로 지배하였던 탈레반 정권이 괴멸한 후 아프가니스탄은 북부동맹이라는 여러 민족으로 구성된 무장단체가 군웅할거하는 상태로, 실제로는 각각이 제압한 지역을 지배하고 있는 데 불과하다.

더욱이 제압이라고는 하지만 조직적인 경찰활동을 할 수 있을 만한 역량이 되지 않아 절도·강도·강간, 급기야는 살인 같은 최악의 범죄가 자주 일어나고 있는 것으로 알려져 있다. 자경단 같은 자치조직이 없는 지역에서는 북부동맹 병사들이 제멋대로 행동하는 곳조차 적지 않은 것 같다.

무엇보다도 탈레반이 국토의 90%를 실질적으로 지배할 수 있었던 것은, 북부동맹이 운송업자들로부터 거액의 통행세를 강제로 징수했기 때문에 탈레반 세력이 환영받았다는 측면이 있다.

이것이 격렬한 공중폭격에 의해서 탈레반 세력이 밀려나 철수하면서 도로아미타불이 되어버린 것이다.

원래 탈레반에는 아프가니스탄의 다수파 부족인 파슈툰인이 많이 참여해 있었다. 그러나 소수파의 혼성부대인 북부동맹으로는 국토를 남김없이 지배하기가 어려우며, 게다가 병사가 수비하는 범위가 넓어서 허술해지는 이른바 산병(散兵) 태세로 각 지역의 경비나 치안유지를 도모하지 않으면 안 된다. 따라서 방심하고 있으면 게릴라전으로 돌입한 탈레반 세력의 잔당들에게 저격당하기 십상이다.

일본을 끌어들이는 부시 전략

아프가니스탄에 진정한 의미의 평화와 안정이 찾아들고 자유와 민주적인 사회의 기반이 갖추어지기까지는 상당한 시간이 필요하다. 독선적으로 아프가니스탄을 공격했던 부시 대통령의 방식에 대해서는 물론 찬성할 수 없지만 이미 혼란상태에 빠져 있는 이상 아프가니스탄을 구할 수 있는 것은 안타깝게도 미국 중심의 힘에 의한 치안유지밖에 없을 것이다.

동시에 부시 대통령이 그 야망을 실현하고자 한다면, 만사 제쳐놓고서라도 영·미 양군을 중추로 한 다국적군을 편성해서 PKF(평화유지군)을 파견해야 한다.

그뿐 아니라 중앙아시아·카스피해 연안 국가들의 평화와 안정에도 온힘을 기울이지 않으면 중동에서 새로운 질서를 구축하는 것도, 패권을 확립하는 것도 불가능해질 것이다.

패권이라는 것은 아무런 대가 없이 세워질 수 없다. 전쟁을 불사한다는 각오가 필요하다. 과격테러집단을 근절하는 데도 상당한 비용이 든다.

이미 아프가니스탄에 대한 맹렬한 공중폭격에 거액의 전쟁비용을 썼으며 전쟁을 여기저기서 전개하게 되면 막대한 자금이 필요한 것은 피할 수 없다. 전쟁은 여러모로 비용이 많이 든다.

이런 전쟁비용을 어떻게 조달할 것인가, 이런 골치 아픈 전쟁비용 부담의 심각하고 무거운 짐이 부시 대통령을 짓누르고 있다. 이 때문에 2002년 1월 10일 부시 대통령은 2002년 회계연도(2001. 10~2002. 9) 국방예산안 총 3172억 달러와 동시다발테러에 수반되는 군사작전 등의 비용 200억 달러를 승인하는 긴급예산안에 서명하여 성립시켰다. 국방예산은 전년도 대비 260억 달러, 약 9% 증가하여 냉전종결 후 최대 규모이다.

일본은 걸프전쟁 당시 90억 달러의 전쟁비용을 제공해서 전쟁에 협력했지만 "일본은 돈만 내고 피를 흘리지 않으려 한다"는 비판을 받았을 뿐 어디에서도 감사의 말을 듣지 못했다. 군사자금이 없으면 전쟁을 수행할 수 없음은 자명한 이치임에도 불구하고 달가워하지 않는다는 것이 석연치 않지만, 앞으로도 미국이 군사자금을 계속 요청하게 되면 세금을 내고 있는 일본 국민으로서는 견딜 수가 없다.

그러나 향후 부시 대통령이 일본에 전쟁비용 부담을 요구하리라는 것은 충분히 각오해 두어야 할 것이다.

석유나 천연가스 등의 에너지 자원을 해외에 의존하고 있는 이상, 미국의 말을 듣지 않으면 자원공급이 중단되어 버리는 일본의 위태로운 상황을 군사자금 제공으로 회피할 수 있다면 싼 것이라는 사고방식도 성립한다.

그럼에도 불구하고 세계 어딘가에서 전개되는 전화(戰火)의 스폰서 역할을 계속한다는 것은 건전하지 못하다. 전쟁에 협력하지 않고서도 자원을 확보할 수 있는 길을 마련하기 위해서 통상까지 포함해서 외교력을 강화하는 길밖에 일본으로서는 도리가 없는 것 같다.

다만 부시 대통령이 품고 있는 몇몇 야망과 이익을 추구해 나가는 기도에 감쪽같이 속아넘어가는 그러한 경거망동만은 삼가야 할 것이다.

후기

　나의 개인 이야기로 대단히 죄송스러우나, 1979년 12월 27일 돌연 소련군이 아프가니스탄을 침공했을 때 나는 마이니치신문 정치부기자로서 문부성 기자클럽(문부기자회)에 소속되어 있었다.

　문부성은 문교정책을 담당하는 부서이지만, 그 안에 체육국이 있고 체육국은 당시 모스크바올림픽 참가를 위해 일본올림픽위원회(JOC)와 각종 경기의 일본팀을 지원하고 있었다.

　세모도 임박한 이 시기에 소련군 침공이라는 사건을 접하고 문부성은 놀라기도 하였고, 또한 정부·자민당뿐 아니라 국민들 사이에서도 "침략국의 도시인 모스크바에서 개최되는 올림픽에 참가해서는 안 된다"는 목소리가 높아져 갔기 때문에 그 대응에 고심하게 되었다.

　문부성 기자클럽에 소속된 신문·텔레비전 각 사는 정부와 문부성이 어떻게 판단하는가를 둘러싸고 취재경쟁에 돌입했다. 나도 이 취재경쟁에 휩쓸려들어 오히라 내각의 다니가키 센이치 문부상을 밀착 취재하게 되었다.

결국 정부는 1980년 4월 25일 일본올림픽위원회에 "모스크바 올림픽대회 불참가"를 결단케 한다는 최종 견해를 발표함으로써 이 문제는 매듭지어졌다. 오히라 내각이 그전 정권의 후쿠타 수상을 비롯한 반주류파의 저항과 방해에 맞서 '다이후쿠(大福) 전쟁'이라는 자민당 내의 파벌싸움이 치열하게 전개되고 있던 와중에 터진 사건이었다.

이 취재가 계기가 되어 그후 나는 아프가니스탄 사람들이 소련군에 대항하여 용감하게 투쟁하는 모습을 계속 추적했다. 아프간 전쟁은 10년 동안 계속되었지만 소련군은 아프가니스탄 지역 전체를 점령할 수 없었으며 마침내 꼬리를 사리고 철수했다.

이로써 아프가니스탄이 평화를 되찾을 수 있을 것으로 기대했으나 부족들끼리 패권을 둘러싸고 분쟁이 시작되어 10년에 걸친 내전상태가 계속되었다. 소련군의 침공으로 시작된 '전란의 20년'이다.

갓 태어난 아기라 해도 어른이 되었을 정도의 기나긴 전란 속에서 이루 헤아릴 수 없을 만큼 많은 사람들이 전화에 휩쓸려 들어갔다. 귀중한 목숨을 잃었고 혹은 부상을 당해 문자 그대로 애처롭고 비참한 상태가 이어져 왔다.

대국들의 그레이트 게임에 휘말리고 나아가서는 부족들간의 내전이 계속되는 속에서 태어나 자란 아프가니스탄의 청년들은 어릴 때부터 무기를 손에 쥐었으며, 그들에게는 이와 같은 난세상태가 일상적이고 당연한 생활이 되었다. 평화를 희망하는 것조차 단념해 버리는 듯했다.

이 사이에 나는 아프가니스탄 사람들이 소련군과 싸우는 모습에 감동하면서도 가슴이 무척 아팠다. 이런 아프가니스탄이 이번에는 영·미 양군에 의한 가혹하기 그지없는 공중폭격 세례를 받았으며 오폭을 포함해서 지금까지 이상으로 어마어마한 피해를 입고 있다.

아프가니스탄 국민들에게는 자유를 운운할 만한 생활방식이라고 표현할 수 있는 곳도 없거니와 그들은 인간으로서의 생존 자체를 위협받는 위태로운 지경에 놓여 있다. 빈곤과 기아는 말할 것도 없고 전화(戰禍)로 언제 목숨을 잃을지 모르는 상태였다. 이런 나라에 맹렬하게 공중폭격을 해대면 어떻게 되겠는가. 결과는 눈에 보인다.

왜 '자유를 지키는 전쟁' 때문에 아무런 죄도 없는 아프가니스탄 사람들이 이토록 가혹한 처사를 받아야 하는가는 나에게 중요한 의문이요 내심 부끄러움도 있다.

이와 같은 의문에 답하고 앞으로의 전망을 예측하기 위해 이 책을 집필했다.

이 책의 집필을 위한 취재는 나와 나의 조수 우미노 미요시 기자가 담당했다. 취재에 협력해 주신 많은 분들께 감사드린다.

이 책의 제작·발간을 맡아서 음으로 양으로 보살펴 주신 KK베스트셀러즈 상무이사 浦野憲二 씨와 서적편집국의 磯部則光 씨에게도 진심으로 감사의 뜻을 표한다.

2002년 1월

이타가키 에이켄

〈미국과 아프가니스탄, 탈레반, 오사마 빈 라덴의 관계〉

	미국	아프가니스탄(중동)	오사마 빈 라덴
1957			사우디아라비아 왕국에서 출생
1973			제다고등학교에서 수학, 압둘아지즈국립대학 입학, 경영학과 경제학 전공, 영국의 대학에서 공학 전공
1979. 12. 27		소련군의 침공(전란의 20년 시작)	
1984. 말			중동의 이슬람활동가 수천 명과 아프가니스탄으로 감. 모병조정 담당(미 CIA가 지원)
1988. 5		소련군의 철수 시작	
11		나지블라 대통령 취임	
1989. 1	아버지 부시 대통령 취임		
2		소련군의 철수 완료	
1990.			아프가니스탄을 떠남
8. 2	* 이라크, 쿠웨이트 침략		
1991. 1. 18	걸프전쟁 발발		
2. 28	걸프전쟁 종결		
12		* 소련 해체	
1993. 1	클린턴 정권 탄생		'지하드론' 전개
2. 26	뉴욕 세계무역센터 빌딩 폭파테러사건		
1994. 여름		탈레반 등장	사우디아라비아 왕실을 비판
11	클린턴 정권 탈레반을 지지	칸다하르 제압	사우디아라비아에서 추방, 수단으로 감
1995. 4. 19	오클라호마 시 연방정부 빌딩 폭파테러		
10	유노칼사, 투르크메니스탄 정부에 '중앙아시아 가스 파이프라인 프로젝트' 제안		
11		사우디아라비아 국가경비대 훈련시설 폭파사건	
1996. 6	사우디아라비아의 알호바르 미 공군 주택단지 폭파사건		
8. 13	유노칼사, 투르크메니스탄 정부와 각서 체결		
		탈레반 카불 제압, 나지블라 전 대통령 처형, 전국토의 2/3를 지배	
9			UN의 압력으로 수단에서 국외로 추방, 아프가니스탄으로 돌아가서 탈레반과 접촉

	미국	아프가니스탄(중동)	오사마 빈 라덴
1997. 초			아버지의 재산 상속받음, 칸다하르의 오마르 기지로 들어감
10. 25	올브라이트 국무장관 '탈레반 불승인', 여성단체 유노칼사를 비판		
1998. 2.		'유태인과 십자군에 대한 성전을 위한 국제이슬람전선' 결성 대미 전선의 종교명령 '파투' 발령(오사마 빈 라덴) 도스탐 장군의 본거지 마살리탈리프 함락(북부), 탈레반 전국토의 90%를 지배	
8. 7	케냐·탄자니아 미 대사관 동시폭파테러 사건		
20	클린턴 대통령, 수단·아프가니스탄을 공중폭격으로 보복(클린턴 대통령은 모니카 르윈스키와의 불륜 스캔들로 대배심에서 두번째 증언을 한 날 공중폭격 보복을 발표)		
21	유노칼사, 계획을 중단		
12	유노칼사, 정식 철회 표명		
1999. 2			체첸으로 이동
10		UN안보리, 오사마 빈 라덴의 신병인도 결의	
2000. 10. 21	예멘 아덴 항의 미 해군 이지스구축함 폭파사건		
12		UN, 탈레반에 대한 제재를 강화	
2001. 1	부시 정권 탄생		
3		바미얀 파괴	
9. 9		반(反)탈레반의 마수드 장군, 자살폭탄테러를 당함(14일 사망)	
9. 11	뉴욕 세계무역센터 빌딩, 펜타곤 동시다발테러사건		
10. 8		아프가니스탄에 대한 공중폭격 시작	
11. 14		북부동맹 카불을 점령, 탈레반 정권 붕괴, 본거지 칸다하르를 포기, 아프가니스탄 남부 산악지대로 철수, 도망, 게릴라전으로	

옮긴이 후기

　『부시의 음모』를 한국 독자들에게 번역 소개함에 있어서 출판사 편집부로부터 옮긴이의 후기를 써달라는 요청을 받았다. 나는 옥상 가옥(屋上架屋) 식의 몇 마디 후기보다는 9·11테러사건 후 이곳 일본에서 출판된 책 가운데 공감이 가는 구절들을 소개하는 것으로서 대신하기로 하겠다. 아래 인용하는 각 구절은 독립된 문장이라 상호 연관성은 없지만 통독하면 옮긴이가 뜻하는 바의 일단이 이해되지 않을까 싶다.

　9·11사건 후 부시 대통령이 미국 상·하원 합동회의에서 한 연설 중에 "세계의 자유를 사랑하는 나라들은 우리의 편이다. 세계 모든 지역의 모든 나라는 결단하지 않으면 안 된다. 우리와 함께 있느냐, 아니면 테러리스트와 함께 하느냐. 앞으로 테러를 키우고 지지하는 모든 나라는 미국의 적대국가로 간주한다"는 말이 있는데, 일본의 저명한 저널리스트 헨미요(辺見庸)는 자신의 저서『단독 발언』에서 "나는 부시의 적이다"고 맞받으면서 다음과 같이 말한다.

"이제 우리는 미국이라는 것의 실상을 다시 봐야겠다. 건국 이래 200번 이상이나 해외출병을 되풀이하면서 모든 전투행동에 대해 국가적 반성이라는 것을 한 적이 없는 이 전쟁 초대국에게 세계의 재정권(裁定權)을 이렇게까지 위임해도 되겠는가. …이번만큼은 자기의 눈으로 전쟁의 참화를 직시하고 인류의 근원에 관하여 자기의 머리로 판단해야 한다. 미국은 이미 새로운 제국주의로 변화하고 있는 조짐이 뚜렷하다."

작곡가 사카모도 류이치(坂本龍一)가 편수하고 세계 각국의 지성인 60여 명이 기고한 『비전, 비전(非戰), No War』에서 저널리스트 겸 영상제작자 존 필저(John Pilger)는 다음과 같이 말하고 있다.

"바야흐로 제국주의는 한창 부흥하는 중에 있다. 미군은 현재 세계 50개국 기지에서 누구에게 꺼릴 것도 없이 군사행동을 행하고 있다. 워싱턴은 '전방위'(全方位) 지배가 목적이라고 밝힌다. …'자유무역' '자유시장'으로 완곡히 표현되는 이 힘과 특권을 지키기 위해 헤아릴 수 없는 불공정이 자행되고 있다. 그것은 쿠바에 대한 위법 봉쇄를 비롯해서 주로 미국이 좌지우지하는 살육무기의 거래, 기본적인 환경문제에 대한 비양식적 행동, 미국 재무부와 유럽중앙은행의 대리인과 같은 WTO에 의한 경제적 약자에 대한 공격, 세계은행과 IMF에 의한 최빈국에의 채무변제 강요, 미국의 손으로 새롭게 '베트남화(化)하는' 콜롬비아, 북한을 '불량국가'로 자리매김하기 위한 남북대화 보이콧 등에 이르기까지…."

"부시 대통령의 명령을 단순히 '자유를 수호하기' 위해서 내린 것이라고 생각한다면, 그것은 본질을 잘못 파악하는 것이다. 그 표면적인 말 이면에 숨겨져 있는 이해관계를 냉정한 눈으로 직시할 필요가

있다."(『부시의 음모』 머리말에서)

  "왜 중동의 이슬람 나라들에서 채굴된 원유가 뉴욕과 펜타곤에서
세차게 타올랐으며 이슬람 국가 아프가니스탄에서 수천 명을 살육하
는 공격에 사용되었는가. 누가 검은 황금을 수송하며 누가 정제하고
누가 이득을 얻어왔는가."(『세계 석유전쟁: 진실은 이 역사 안에 있다』)

  옮긴이 후기를 매듭하면서 꼭 한마디 덧붙일 것이 있다. 최근의 언
론보도에 의하면, 미국 정부는 이미 이라크에 대한 공격 준비를 갖춰
놓고 계기만 노리고 있다 한다. 그리고 다음 차례는 부시가 말하는
'악의 축'인 이란과 북한이며 일본에게 유사입법(有事立法)을 촉구
하는 목적도 여기에 있다 하는데, 참으로 소름 끼칠 이야기다.
  이 책의 저자가 '한국어판을 펴내며'에서 말하고 있듯이, 제2차 한
국전쟁은 필사코 방지되어야 하며, 이 삼천리 강토가 미국 신형무기
의 시험장이 되어서는 안 된다. 전쟁 없고 살육 없는 평화로운 지구
촌을 만들기 위하여 부시의 손에서 부싯돌을 걷어올려라. 불장난을
못하도록.

                                    2002. 7. 도쿄에서 옮긴이